班级活动的有效开展方式
——班级活动的理论研究与实践创新

周 玲 黎玉珊 汪永智 编 著

北京理工大学出版社
BEIJING INSTITUTE OF TECHNOLOGY PRESS

版权专有　侵权必究

图书在版编目(CIP)数据

班级活动的有效开展方式:班级活动的理论研究与实践创新 / 周玲,黎玉珊,汪永智编著． －－北京:北京理工大学出版社,2023.10
　　ISBN 978-7-5763-2992-6

Ⅰ.①班… Ⅱ.①周…②黎…③汪… Ⅲ.①班主任工作-研究 Ⅳ.①G451.6

中国国家版本馆 CIP 数据核字(2023)第 201411 号

责任编辑：王梦春	文案编辑：邓　洁
责任校对：周瑞红	责任印制：施胜娟

出版发行	/	北京理工大学出版社有限责任公司
社　　址	/	北京市丰台区四合庄路 6 号
邮　　编	/	100070
电　　话	/	(010)68914026（教材售后服务热线）
		(010)68944437（课件资源服务热线）
网　　址	/	http：//www.bitpress.com.cn

版 印 次	/	2023 年 10 月第 1 版第 1 次印刷
印　　刷	/	唐山富达印务有限公司
开　　本	/	787 mm×1092 mm　1/16
印　　张	/	13.5
字　　数	/	310 千字
定　　价	/	58.00 元

图书出现印装质量问题，请拨打售后服务热线，负责调换

编委会名单

主　编：周　玲　黎玉珊　汪永智

副主编：李慧文　常　莹　郭　俊　老志文　张瑞东

编　委：（按拼音排序）

曹妙琪	陈　建	陈　蓉	陈芍颖	冯光华	黄　婧
何　磊	金鹏飞	金奕成	黎志锋	梁铭逊	梁汝锶
廖碧云	廖颖欣	廖　峥	林敏莉	刘玉婷	罗碧莹
麦兆朗	覃海英	邱素青	曲　雪	汪　洁	王达会
王　燕	王艺华	王　治	吴恩英	夏　怡	杨　勇
袁秀玲	尹日萍	张日威	赵　茹	郑小辉	朱美玲

前 言

班级活动是班主任开展建班育人工作的重要载体。精心设计、组织开展主题明确、内容丰富、形式多样、吸引力强的班级活动，以积极向上的力量激励学生，让学生在活动中体验、感悟，实现自我教育，可以达到润物无声的教育效果，有效促进学生形成良好的思想品德和行为习惯。我们不难发现，若是班级活动开展得好，其班集体往往生机盎然、其学生往往朝气蓬勃。

然而，班主任设计和开展班级活动时，却存在诸多问题：有的班主任不清楚班级活动到底是什么；有的班主任不知道如何设计班级活动；有的班主任辛辛苦苦组织一次班级活动，却发现学生不喜欢，参与的积极性非常低；有的班主任将活动开展得轰轰烈烈，但是嘻嘻哈哈热闹过后，并没有达到原定目标；有的班主任认为，设计、组织一次班级活动耗时耗力，班主任工作繁重，根本腾不出精力来搞活动……

为了解决班主任不会设计、设计不好、没有效果、没有时间等问题，工作室将班级活动策划作为重点研究内容，成立了实践组，专门开展班级活动研究。各成员单位组建班级活动策划小组，多次召开研讨会、开展班级活动策划与实施比赛、活动复盘总结等，有力地提升了工作室成员班级活动策划的水平。

最终，我们从中择优选择了40余位名优班主任，在中国职教学会德育工作委员会副主任、"教育部大中小学思政课一体化建设指导委员会"专家指导组成员、广东省教育厅"广东省中等职业学校德育研究与指导中心"主任、广东省中等职业学校德育研究会会长汪永智教授等专家的指导下参与了本书的编写。

本书包含三个章节。

第一章为理论篇，系统阐述了班级活动的基本概念、教育意义、理论依据、组织思路及设计策略，有助于强化班主任对班级活动的认知，深刻认识班级活动在建班育人中的重要意义，了解班级活动设计的理论依据，掌握班级活动的组织思路和设计方法。

第二章为实践篇，依据班级活动的功能，将班级活动分为新生适应类、铸魂系扣类、班级管理类、职业指导类、协同育人类、个性发展类六大类别，提供了45个优秀班级活动的案例，涵盖中职建班育人的方方面面，包含了全国职业院校技能大赛中等职业学校班主任能力比赛班级活动赛项给定主题的绝大部分。所有活动设计科学合理、逻辑严谨，广大一线班主任拿来即可用。每个方案的最后是"小贴士"，旨在提醒诸位在使用方案时的一些注意事项。

第三章为实战篇，对标全国职业院校技能大赛中等职业学校班主任能力比赛的班级活动赛项提供备赛指导。特邀7名全国班主任业务能力大赛一等奖获得者手把手教你如何进行班级活动策划，并提供获奖作品供参考。参与实战篇编写的有：2020年国一获得者：深圳市蛇口育才教育集团山海学校张日威、中山市现代职业技术学校常莹、佛山市顺德区勒流职业技术学校周玲；2021年国一获得者：佛山市顺德区郑敬诒职技术学校李慧文；2022年国一获得者：佛山市顺德区勒流职业技术学校郭俊、江西省电子信息工程学校何磊、江西工业贸易职业技术学院黄婧。

  本书的出版得到北京理工大学出版社编辑们的大力支持，在此特别表示感谢。此外，由于编者的学识水平及经验有限，本书还有很多不足之处，望广大读者批评指正。

广东省周玲名班主任工作室
2023年8月

目 录

第一篇章　理论篇 ………………………………………………………………（1）

　　第一节　班级活动的基本概念 ………………………………………………（1）

　　第二节　班级活动的教育意义 ………………………………………………（4）

　　第三节　班级活动的设计依据 ………………………………………………（6）

　　第四节　班级活动的组织思路 ………………………………………………（10）

　　第五节　班级活动的设计策略 ………………………………………………（12）

第二篇章　实践篇 ………………………………………………………………（15）

　　第一节　新生适应类班级活动 ………………………………………………（15）

　　第二节　铸魂系扣类班级活动 ………………………………………………（32）

　　第三节　班级管理类班级活动 ………………………………………………（64）

　　第四节　职业指导类班级活动 ………………………………………………（111）

　　第五节　协同育人类班级活动 ………………………………………………（138）

　　第六节　多元发展类班级活动 ………………………………………………（151）

第三篇章　实战篇 ………………………………………………………………（166）

　　第一节　班主任能力比赛之班级活动赛项的要求及方案解读 ……………（166）

　　第二节　国一获得者对班级活动赛项的思考及获奖作品展示 ……………（168）

第一篇章 理论篇

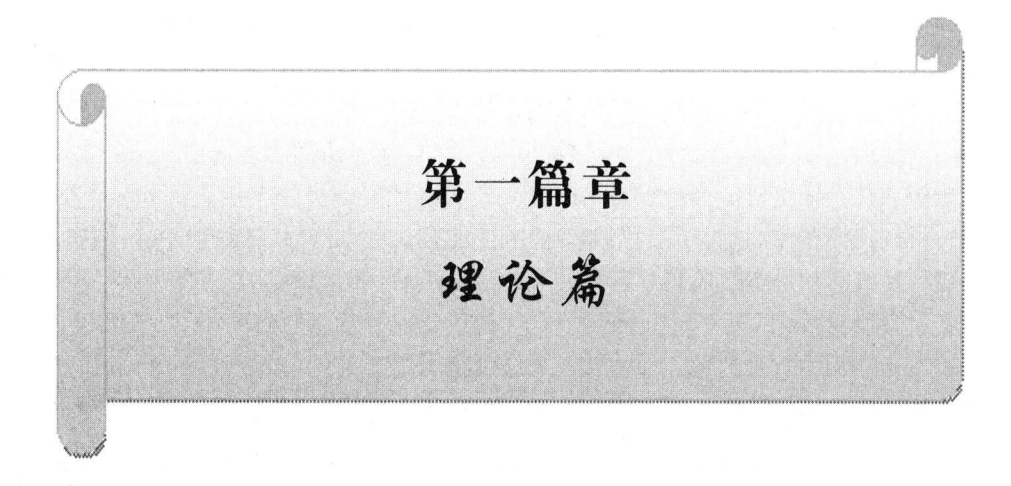

第一节　班级活动的基本概念

教育部印发的《中小学德育工作指南》指出，活动育人是德育工作的实施途径及要求，要精心设计、组织开展主题明确、内容丰富、形式多样、吸引力强的教育活动，以鲜明正确的价值导向引导学生，以积极向上的力量激励学生，促进学生形成良好的思想品德和行为习惯。

一、班级活动的内涵

班级是学校教育的细胞，是开展教育教学和管理活动的基层单位，也是学生学习生活和开展活动的集体组织。班级活动是学校教育的重要组成部分，它是指以班级为单位，根据学校培养目标及学生诉求，针对班级特点而开展的相关活动。

广义的班级活动是指教育者（既包括班主任，也包括学科教师）为了实现一定的教育目的，组织班级全体成员参加的一切教育活动，包括班级课堂教学活动、课外文体活动、社会实践活动等。狭义的班级活动则是指班主任在学科教学之外，为了实现一定的教育目的，组织班级全体成员参加的形式多样的活动，包括主题班（团）会活动、社团活动、文体活动、社会实践活动等。本书中所探讨的就是狭义的班级活动。

二、班级活动的分类

班级活动丰富多彩，根据不同的标准可以对班级活动进行不同的分类。

根据活动范围，可分为班内活动和班际活动。班内活动的活动主体为本班同学，绝大多数班级活动均是班内活动。班际活动是根据班级需要，与其他班级共同开展的活动，例如为了营造开放包容的氛围、锻炼学生胆量，与联谊班开展辩论活动；为了进一步提升班级凝聚力，与联谊班开展班际趣味运动会等。

依据活动时间，可分为常规性班级活动和即时性班级活动。常规性班级活动是指周期性开展的活动，例如节日纪念日活动，利用春节、元宵、清明、端午、中秋、重阳等中华传统节日以及二十四节气，开展介绍节日历史渊源、精神内涵、文化习俗等校园文化活动，增强传统节日的体验感和文化感。这类活动有时间规律，可以提前准备。即时性班级活动是指当班级出现一些偶发事件而迅速开展的活动。它往往是临时决定的，一般时间短，但针对性强，会使学生产生强烈的情绪感受，印象深刻，效果往往很好。

根据活动地点，分为校内班级活动、校外班级活动。校内班级活动是指利用学校内部资源组织的班级活动，班主任依据班级活动的需要，可以选择在教室开展，例如班干部选举、师生同乐；可以选择在实训室开展，例如专业技能比赛；可以选择在球场开展，例如各种球类比赛。校外班级活动是指运用校外资源开展的班级活动，例如对学生进行习近平新时代中国特色社会主义思想教育，可以走进最美乡村实地感受乡村变化的前世今生；对学生进行四史教育，可以走进相关教育基地，如中共三大会址纪念馆、毛泽东同志主办农民运动讲习所旧址和广州地铁博物馆等，实地感受国家及党的发展历程，增强政治认同、情感认同和价值认同。

根据班级活动的目标与功能，分为新生适应类、铸魂系扣类、班级管理类、职业指导类、协同育人类、个性发展类等。本书第二篇章"实践篇"是按照班级活动的功能分类的思路进行设计与组织，下面就每一类别的具体内容及功能作详尽阐述。

（一）新生适应类

新生适应类是指为了帮助一年级新生提升适应能力而开展的班级活动，目的在于使新生尽快融入新学校及新班级，增强对职业教育的认同，增强专业自信。例如开展新生学校打卡活动了解学校布局和结构，开展破冰活动打破陌生感认识新同学，开展校规竞赛活动尽快熟悉学校规章制度，开展参观校企合作企业了解专业发展趋势及未来就业方向，从而增强专业学习自信等。

（二）铸魂系扣类

铸魂系扣类班级活动是为了落实立德树人根本任务，依据《中等职业学校德育大纲》《关于加强和改进新时代中职学校德育工作的意见》等文件精神，结合重要时间节点在班级循序渐进地开展的各类主题教育活动。铸魂系扣类班级活动的目的在于为正处于拔节孕穗关键期的中职生系好人生第一粒扣子，帮助学生树立实现中国梦的远大理想，牢固树立中国特色社会主义道路自信、理论自信、制度自信，热爱祖国，热爱人民，热爱中国共产党，拥护党的领导。

班主任可利用植树节、劳动节、青年节、教师节、国庆节等重大节庆日集中开展爱党爱国、民族团结、热爱劳动、尊师重教、爱护环境等主题教育活动。利用学雷锋纪念日、中国共产党建党纪念日、中国人民解放军建军纪念日、七七抗战纪念日、九三抗战胜利纪念日、九一八纪念日、烈士纪念日、国家公祭日等重要纪念日，以及地球日、环境日、健康日、国家安全教育日、禁毒日、航天日、航海日等主题日，设计开展相关主题教育活动。结合时代特色，开展习近平新时代中国特色社会主义思想教育、理想信念教育、社会主义核心价值观教育、中华优秀传统文化、革命文化和社会主义先进文化教育、劳动精神、劳模精神和工匠精神教育、四史教育等班级活动。

（三）班级管理类

班级管理类班级活动是以树立优良班风学风为重点开展的班级活动。通过开展组建班委会、团支部，健全班级制度，学习签署践行《中等职业学校学生公约》等活动，完善班级组织机构，为班风建设奠定良好基础；通过开展班级文化建设等活动，凝聚团队共识，为班风建设提供有力保障；通过开展处理班级发生突发事件时的班级活动，以及时化危机为契机，引导班级形成正确的是非观；通过开展有关加强安全教育、法治教育、卫生健康教育和心理健康教育指导等班级活动，维护班级和学生安全。

（四）职业指导类

职业指导类班级活动是指培养学生良好的职业道德、职业素养和职业行为习惯的班级活动，目的在于有针对性地帮助学生认识自我，了解社会，了解专业和职业，传承奋斗精神，增强职业意识，引导学生做好职业生涯规划，树立正确的职业理想和职业观、就业观、创业观，根据社会需要和自身特点选择职业发展方向，顺利实现就业、创业或升学。例如一年级组织学生开展职业生涯规划指导活动，二年级组织学生开展专业技能大比拼，三年级组织学生开展创新创业比赛、面试模拟等。

（五）协同育人类

协同育人类班级活动是指班主任主动加强与学校相关部门、班级任课教师、家长、社区等的沟通而组织的班级活动，目的在于帮助相关方面全面及时了解学生表现，协同任课教师，帮助引导家长和社区配合学校做好学生的教育、管理和服务工作，形成教育合力，共同致力于学生的成长和提高。例如开展家长学校、师生同乐，组织学生参加社会实践、劳动实践、实习实训等活动。

（六）个性发展类

个性发展类活动是指为了让学生充分发挥自己的优势和特长而组织的活动。目的在于让每个学生充分展示自己特长、发挥个人优势、挖掘自身潜力，从而提升自我效能感的活动。例如开展丰富多彩、积极向上的读书分享、文艺表演、体育竞技、技能竞赛等活动，学生在此类活动中可以发现自己的优点，增强参与感、获得感和成就感，促进个性发展。

第二节　班级活动的教育意义

　　班级活动的教育意义是多方面的，如果班主任能精心设计、认真组织、系统推进班级活动，有助于建设团结奋进、有正能量的班集体，有助于培养学生德智体美劳全面发展。根据班级活动种类的不同，其教育意义各有侧重：有的有助于提高学生的思想道德修养，有的有助于增强班级凝聚力，有的有助于建设良好班风学风，有的有助于提高学生自我效能感，有的有助于提升学生实践能力，有的有助于提生学生职业素养，有的有助于解决班级实际问题，有的有助于形成教育合力。

一、通过班级活动，培养学生思想道德

　　中职学生正处在人生成长的"拔节孕穗期"，最需要精心引导和栽培。《新时代教育部办公厅关于加强和改进新时代中等职业学校德育工作的意见》中提出：要深入开展习近平新时代中国特色社会主义思想教育，强化理想信念和社会主义核心价值观教育，加强中华优秀传统文化、革命文化和社会主义先进文化教育，培育弘扬劳动精神、劳模精神和工匠精神。如果班主任是填鸭式的方法将以上主题灌输给学生，显然很难达到好的效果，但是若能充分挖掘爱国教育基地、乡土资源等开展喜闻乐见的班级活动，让学生真听真看真感受，更有助于培养学生正确的理想信念、价值观和思想道德，从而提升我国产业生力军的素质，对于国家和民族的未来有积极的促进作用。

二、通过班级活动，建设良好班风学风

　　良好班风学风的养成有赖于班级全体成员的共同努力。有战斗力的班干部队伍、有凝聚共识的班级文化是班风建设的基础。通过组织开展班干部选举、民主制订班级制度、班级文化建设、学习小组竞赛等班级活动，有助于培养学生的主人翁意识，推进班级管理，让班级事事有人管，建设良好的班风学风，有助于引导学生形成正确的是非观，教育引导学生自觉养成良好的思想品质和行为习惯，有助于维护教育教学秩序和生活秩序，形成良好的学习氛围，有助于展现中职学生积极向上的精神风貌。

三、通过班级活动，增强班级凝聚力

　　班级活动有很强的教育力和感染力。班主任在开学时组织学生开展欢迎回家的活动，可以有效增强学生的归属感，通过集体生日会等仪式感的活动，可以有效提升学生的幸福感，通过开展破冰活动、趣味运动会等，可以增强师生感情、生生感情，将班级学生紧密团结在一起。若是将班级活动再进一步扩展至班际活动，例如班际篮球赛、拔河比赛等，作为运动员的学生奋力拼搏，为班级荣誉而战，负责后勤同学端茶送水关怀备至，啦啦队的同学呐喊助威，全班同学心往一处想、劲往一处使，班级凝聚力便会得到进一步的增强和提升。

四、通过班级活动，提升学生自我效能感

　　中职生的学业成绩相对较弱，但是兴趣爱好广泛。在班级开展文艺类、体育类、美育

类、语言类的班级活动，创设"人人皆可成才、人人尽展其才"的良好环境，让有文艺特长的学生载歌载舞，让有体育特长的学生挥洒汗水，让有艺术特长的学生挥毫落纸，让有语言特长的学生语惊四座，倘若每一名学生均能在自己擅长的领域发光发热，对于提高其自我效能感大有裨益，对于促进学生的个性发展有积极的促进作用。

五、通过班级活动，提升学生实践能力

中职学生动手能力强、精力旺盛，有强烈的表现欲。公益活动、志愿服务等社会实践活动是学生参加社会实践的重要舞台，班主任可结合学生专业特长及发展诉求组织相关活动。例如汽修专业的学生运用专业特长为社会提供检修和洗车服务、旅游专业的学生运用专业特长为家乡代言等，实践活动有助于引导中职学生自觉遵循道德规范，形成知行统一、言行一致的优良品质，提高中职学生的自我教育能力和社会实践能力。

六、通过班级活动，提升学生职业素养

职业教育的使命是培养高素质技术技能人才、大国工匠、能工巧匠。依据中职生特点，循序渐进地开展职业生涯规划、职业道德养成等班级活动，可以有针对性地帮助学生认识自我，了解社会，了解专业和职业，传承奋斗精神，增强职业意识，树立正确的职业理想和职业观、就业观、创业观，培养良好的职业道德、职业素养和职业行为习惯，提升职业生涯规划能力。开展实习指导、面试技巧等班级活动，有助于指导学生根据社会需要和自身特点选择职业发展方向，顺利实现就业、创业或升学。

七、通过班级活动，解决班级存在问题

班级在发展进程中，会伴随出现一些学生问题，例如学生出现心理问题、行为习惯问题、发生冲突等。针对学生成长过程中出现的问题，涉及个人隐私或者不宜大范围传播的，适合采用单独教育。如果有必要同时给予其他同学匹配，则需要做集体层面的工作。解决的方式多种多样，若是以讲大道理、说教的方式解决，难免引起学生的反感，令教育效果大打折扣。倘若班主任能以班级活动的形式巧妙引导学生直面问题并解决问题，便能克服以上弊端，将危机转化为契机，从而有效解决班级问题。

八、通过班级活动，形成育人合力

学校相关部门、班级任课教师、家长、社区、企业等均是育人合力的重要组成部分。有经验的班主任非常善于协调各方面的关系形成教育合力，活动是建立良好关系的润滑剂。例如，家长会上，改变传统的老师讲家长听的方式，而是以家长沙龙的方式来开展，增强家长的参与感和体验感，对于增强其主人翁意识大有裨益。同理，在班级里，若能组织开展师生同乐、班企合作、班社合作等相关活动，有助于促进师生了解，引导社区和企业配合学校做好学生的教育、管理和服务工作以及顶岗实习期间的教育和管理工作，共同为学生的成长保驾护航。

第三节 班级活动的设计依据

班主任承担着重要的育人工作，应树立为学生成长奠基的基本意识。班级所有工作均为学生成长服务，这就决定班级活动的设计应在充分了解学习者现有知识的基础之上，发挥个体的主动性，通过与周围环境相互作用、与同伴相互协作，建构对活动主题的理解，达成活动预期目标。

本书第二章实操篇所列举的班级活动主张基于建构主义学习理论进行设计，现将建构主义学习理论介绍如下：

建构主义也译作结构主义，其最早提出者可追溯至瑞士的皮亚杰。他认为，儿童是在与周围环境相互作用的过程中，逐步建构起关于外部世界的知识，从而使自身认知结构得到发展。在皮亚杰的理论基础上，科尔伯格在认知结构的性质与认知结构的发展条件等方面作了进一步的研究；斯腾伯格和卡茨等人则强调了个体的主动性在建构认知结构过程中的关键作用，并对认知过程中如何发挥个体的主动性作了认真的探索；维果斯基创立的"文化历史发展理论"则强调认知过程中学习者所处社会文化历史背景的作用，在此基础上，以维果斯基为首的维列鲁学派深入地研究了"活动"和"社会交往"在人的高级心理机能发展中的重要作用。所有这些研究都使建构主义理论得到进一步的丰富和完善，为实际应用于教学过程创造了条件。

一、建构主义学习理论

建构主义认为，知识不是通过教师传授得到，而是学习者在一定的情境即社会文化背景下，借助其他人（包括教师和学习伙伴）的帮助，利用必要的学习资料，通过意义建构的方式而获得。因此，建构主义学习理论认为"情境"、"协作"、"会话"和"意义建构"是学习环境中的四大要素或四大属性。

"情境"：学习环境中的情境必须有利于学生对所学内容的意义建构。这就对教学设计提出了新的要求，也就是说，在建构主义学习环境下，教学设计不仅要考虑教学目标分析，还要考虑有利于学生建构意义的情境的创设问题，并把情境创设看作是教学设计的最重要内容之一。

"协作"：协作发生在学习过程的始终。协作对学习资料的搜集与分析、假设的提出与验证、学习成果的评价直至意义的最终建构均有重要作用。

"会话"：会话是协作过程中的不可缺少环节。学习小组成员之间必须通过会话商讨如何完成规定的学习任务的计划；此外，协作学习过程也是会话过程，在此过程中，每个学习者的思维成果（智慧）为整个学习群体所共享，因此会话是达到意义建构的重要手段之一。

"意义建构"：这是整个学习过程的最终目标。所要建构的意义是指：事物的性质、规律以及事物之间的内在联系。在学习过程中帮助学生建构意义就是要帮助学生对当前学习内容所反映的事物的性质、规律以及该事物与其他事物之间的内在联系达到较深刻的理解。

二、建构主义的教学模式

建构主义教学模式概括为:"以学生为中心,在整个教学过程中由教师起组织者、指导者、帮助者和促进者的作用,利用情境、协作、会话等学习环境要素充分发挥学生的主动性、积极性和首创精神,最终达到使学生有效地实现对当前所学知识的意义建构的目的。"在这种模式中,学生是知识意义的主动建构者;教师是教学过程的组织者、指导者、意义建构的帮助者、促进者;教材所提供的知识不再是教师传授的内容,而是学生主动建构意义的对象;媒体也不再是帮助教师传授知识的手段、方法,而是用来创设情境、进行协作学习和会话交流,即作为学生主动学习、协作式探索的认知工具。

三、建构主义学习环境下的教学设计原则

1. 强调以学生为中心

如何体现出以学生为中心,建构主义认为可以从三个方面努力:①要在学习过程中充分发挥学生的主动性,要能体现出学生的首创精神;②要让学生有多种机会在不同的情境下去应用他们所学的知识(将知识"外化");③要让学生能根据自身行动的反馈信息来形成对客观事物的认识和解决实际问题的方案(实现自我反馈)。

2. 强调"情境"对意义建构的重要作用

建构主义认为,学习总是与一定的社会文化背景即"情境"相联系的,在实际情境下进行学习,学习者可以利用自己原有认知结构中的有关经验去同化和索引当前学习到的新知识,从而赋予新知识以某种意义;如果原有经验不能同化新知识,则要引起"顺应"过程,即对原有认知结构进行改造与重组。总之,通过"同化"与"顺应"才能达到对新知识意义的建构。

3. 强调"协作学习"对意义建构的关键作用

建构主义认为,学习者与周围环境的交互作用,对于学习内容的理解(即对知识意义的建构)起着关键性的作用。这是建构主义的核心概念之一。学生在教师的组织和引导下一起讨论和交流,共同建立起学习群体并成为其中的一员。通过这样的协作学习环境,学习者群体(包括教师和每位学生)的思维与智慧就可以被整个群体所共享,即整个学习群体共同完成对所学知识的意义建构,而不是其中的某一位或某几位学生完成意义建构。

4. 强调对学习环境(而非教学环境)的设计

建构主义认为,学习环境是学习者可以在其中进行自由探索和自主学习的场所。在此环境中学生可以利用各种工具和信息资源(如文字材料、书籍、音像资料、CAI 与多媒体课件以及 Internet 上的信息等)来达到自己的学习目标。在这一过程中学不仅能得到教师的帮助与支持,而且学生之间也可以相互协作和支持。

5. 强调利用各种信息资源来支持"学"(而非支持"教")

为了支持学习者的主动探索和完成意义建构,在学习过程中要为学习者提供各种信息资源(包括各种类型的教学媒体和教学资料)。但是必须明确:这里利用这些媒体和资料并非用于辅助教师的讲解和演示,而是用于支持学生的自主学习和协作式探索。

6. 强调学习过程的最终目的是完成意义建构(而非完成教学目标)

在传统教学设计中,教学目标是高于一切的,它既是教学过程的出发点,又是教学过程

的归宿。通过教学目标分析可以确定所需的教学内容和教学内容的安排次序；教学目标还是检查最终教学效果和进行教学评估的依据。但是在建构主义学习环境中，由于强调学生是认知主体、是意义的主动建构者，所以是把学生对知识的意义建构作为整个学习过程的最终目的。

但是，北京师范大学现代教育技术研究所何克抗认为，在当前建构主义学习环境的教学设计中，往往看不到教学目标分析这类字眼，"教学目标"被"意义建构"所取代，似乎在建构主义学习环境下完全没有必要进行教学目标分析。这种看法则是片面的，不应该把二者对立起来。因为"意义建构"是指对当前所学知识的意义进行建构，因此正确的做法应该是：在进行教学目标分析的基础上选出当前所学知识中的基本概念、基本原理、基本方法和基本过程作为当前所学知识的"主题"，然后再围绕这个主题进行意义建构。这样建构的"意义"才是真正有意义的，才是符合教学要求的。

五、建构主义学习理论指导下的班级活动设计

依据建构主义学习理论，本书编写者在设计班级活动时达成以下共识。

1. 班级活动设计的基本理念

班级活动设计应做到以学生为中心。以学生为中心即要站在学生的角度设计班级活动。一是遵循学生身心发展的规律，适应学生身心发展的需要。二是要兼顾学生的差异，做到因材施教。三是考虑学生的接受程度，选择贴近学生、贴近实际、贴近生活的学习内容。四是考虑学生的兴趣，选用学生喜闻乐见的活动方法。五是搭建激励和支持的环境，提升学生的参与感、获得感、成就感。

2. 师生的角色定位

在活动实施过程中，班主任在班级活动中起策划者、组织者、指导者、沟通者、帮助者和促进者的作用。为了承担好这一角色，要求班主任需要清晰地了解技术技能人才成长规律、中职生身心发展规律、学生品德形成规律等。学生是班级活动的主体，班主任应利用情境、协作、会话等活动环境要素充分发挥学生的主动性、积极性和首创精神，最终达到使学生有效地实现对当前活动目标的意义建构的目的。

3. 活动情境的选择

活动情境的选择应为活动目标服务。这里的情境既包括硬情境，也包括软情境。硬情境是指学习场所的选择，班主任可以根据班级活动的需要选择校内场所如教室、操场、实训室等，也可选择校外场所如博物馆、科技馆、党史学习基地等。软情境是指活动设计不仅要考虑活动目标分析，还要考虑有利于学生建构意义的情境的创设问题，并把情境创设看作是活动设计的最重要内容之一。

4. 协作关系的搭建

学会合作是时代对人的基本要求，现实生活中的事情和任务，大都需要人与人之间的交往、合作才能得以完成。因而，班级活动应将"协作"一直贯穿于始终，让更多的人表现自我、体验成功，培养良好的合作方式及习惯。协作可以通过活动小组合作的方式开展。班主任在学期初可按"组间同质、组内异质"的原则分组，为了真正发挥小组的协作，设计活动时，应明确合作任务及要求，做到"真协作"。

5. 会话的实现

会话是协作过程中的不可缺少环节，在班级活动中，实现会话的的途径是形式多样的活动方法，常见活动方法有情境教学法、探索发现法、合作学习法、自我教育法、实践锻炼法等，活动方法的选取务必做到学生喜闻乐见，方可调动学生参与的积极性，从而保证学习效果。

6. 意义建构

班级活动的意义建构指向于班级活动目标的达成。活动目标通常包括认知目标、情感目标及运用目标，对应到活动设计，活动过程也至少应包含知、信、行等环节。班级活动各个环节传递什么知识、采用何种方法手段切忌天马行空、无中生有，务必以目标为依据进行设计。

【参考文献】

[1] 何克抗. 建构主义——革新传统教学的理论基础（上）[J]. 电化教育研究，1997(03)：3-9.

第四节　班级活动的组织思路

所谓班级活动的组织思路，是指班主任在完成一次班级活动的任务时需要采用的一整套的思路，包括定位、分析、解决问题和实施等步骤，简单来说是对班级活动的规划。从这个角度看，这是一个复杂的过程，需要立足整体考虑、宏观把握；同时需要细微处着手、精准分析，才能很好地厘清整个活动的脉络，以实现最大程度的效果。

一、班级活动的目标与定位

定位，也就是为什么要开展这次班级活动，即班级活动开展的目的以及整个活动的底层逻辑。这部分内容在班级活动具体实施的过程中通常是隐性的，也就是说在班级活动的实际实施中，我们大概率并不能看到活动的目的是什么、每一个环节背后的设计用意是什么。但是，恰恰是隐性的这一部分，对班级活动如何开展、是否能顺利开展起着关键的、决定性的作用。

班主任们为什么会组织班级活动呢？大概有以下几种情况：班级出现了一些问题或学生表现出了某种成长需求，或者遇到了重要的节日或纪念日，或者接到上级布置的任务，再或者就是简单的娱乐放松等。无论是哪一种情况，班级活动最终一定是指向一个目的，那就是对学生产生教育引导作用。活动的形式可以尽可能多样、尽可能贴近学生的喜好，活动的过程也可以尽可能轻松愉快、尽可能欢声笑语。但是，在笑过闹过后，一定要让学生有所思、有所得、有所悟，一定要让班级活动回归它最本真的作用——育人。

因此，组织策划班级活动的第一步，应该是明确班级活动的定位，即为何要组织本次活动？要达到怎样的预期目的？为了达到这样的目的，是组织单次的活动比较好，还是系列的活动更好？如果是系列的活动，那么每次活动分别要达到怎样的效果呢？这是班主任首先应该思考清楚的问题。这是开展班级活动的第一步，也是最难的一步，更是最关键的一步，同时也是弄清楚以后就可以使后续工作迎刃而解的一步。

二、班级活动的分析与解决

确定了班级活动的定位，我们的大脑就有了具体的方向。一次班级活动，无论是单次的活动、还是系列的活动，它的目的都不是一蹴而就的，都需要按照某种思路分解为若干个小步骤，通过或并列、或层层递进的几个步骤与环节，最终实现活动的育人目标。简单来说，就是我们需要对班级活动的总目标进行拆分，拆分为若干个小目标后，继而思考和探索用怎样的形式去实现这些目标是比较理想的？哪些素材是比较合适的？每一个环节和步骤都有怎样的设计用意、指向学生怎样的能力或素养点？

以一次面向平面设计专业学生的主题为"打破思维定式，创新成就设计"的班级活动为例。组织本次活动是因为学生在平面设计专业学习中出现了明显的思维模式化、缺乏创意创新的问题，因此，活动的总目标定位为：引导学生打破思维定式，拆分为以下小目标：认知目标为认识到思维定式的危害和弊端；情感目标为打破思维壁垒、体验灵活的思维模式的成就感和价值感；行为目标为运用灵活思维模式打磨专业课作品。

为了小目标的实现，组织者做了以下设计：首先，通过企业设计师对学生的专业课作业的点评和名为"遵从指导"的游戏（这是一个需要速度的游戏，总共 30 道题，请你先看一遍题目，然后在右边的空白处按题目的要求作答，速度越快越好。游戏的关键点在于第 28 题的题目要求是"你只需要做第一题和最后两题。"但大多数学生为了最快完成，会迫不及待看一道题做一道，而没有通读题目），引导学生认识到思维定势的危害和弊端。继而，在"卖梳子"（在规定时间里，小组内讨论"如何把梳子卖给和尚"，看看哪个小组提出的方案能卖给和尚的梳子最多，并在实际生活中具有一定的可操作性）的活动体验中初步尝试打破思维壁垒。接着，在难度升级的协作任务"比比谁高"（每组领取材料：一副扑克牌，100 根吸管、其中 20 根带弯头，20 个回形针。在 10 分钟内利用现有材料搭建有高度的作品并命名）中，进一步突破思维定式，并在成功中体验灵活的思维模式带来的成就感和价值感。最后，回归到学生的专业课作品，让学生从新的视角重新审视自己的作品，做出修改。

在这个过程中，有一个需要特别关注的问题，就是师与生的角色与相应的作用。师生作为班级活动中最重要的两方，要突破传统认知中教师是"设计者"与学生是"执行者"的定位。依据建构主义学习理论，教师可以是"预见者"（明晰活动的未来指向，指向学生的未来发展）、策划者（从学生的实际能力出发，保证活动设计的趣味性以及实效性，并根据学生的反馈及时做出调整）、指导者（基于教师的教育个性在活动过程中加以指导、评价）、组织者（活动的安排组织）、沟通者（师生之间的沟通、班级内外的沟通），学生可以是参与者（活动的参与人员）、评价者（生生之间的评价者、活动有效性的评价者）、创新者（以活动的主体身份提出活动设计中需修改的部分，对活动进行创新完善）、成长者（在参与中实现自我成长）。双方角色的互动性可以充分发挥学生的主观能动性，调动学生的参与积极性。

三、班级活动的细节与调整

无论我们的目标定位如何精准，我们的分析和设计如何精细，在实践中难免会遇到与我们预期规划不是十分契合的情况。这就需要我们在组织实施实践的过程中，充分关注细节，尤其是学生对信息的接收情况、价值与情感的生成情况以及行为的具体落实情况。敏锐捕捉上述情况并及时采取调整措施，是保证活动能够在有限的范围内最大程度地实现预期目标的重要保证。例如，在上述的"打破思维定式，创新成就设计"活动中"卖梳子"的游戏环节，教师需要在学生小组讨论时充分关注各组的讨论进程，如果有的学生或小组出现了无法提出切实可行的措施时，教师应及时给予引导和提示，但应切记把握提示的尺度，从而使学生得到适度的帮助，确保学生在活动中得到应有的感悟和成长。

【参考文献】

［1］陈宇. 班级活动的组织与规划——班主任工作思维导图及其解读（六）［J］班主任之友，2018（5）.

［2］张丹丹. 创新中职班级活动模式　构建"德""技"成长新支点——以学前班级系列活动"师生共读经典，点亮生命底色"为例［J］新课程，2022（39）.

第五节　班级活动的设计策略

班级活动应坚持目标导向、问题导向、结果导向的原则进行设计。坚持目标导向，就是以实现目标为导向，通过班级活动的开展落实立德树人根本任务；坚持问题导向，就是以解决问题为指引，通过班级活动的开展化解突出矛盾和问题；坚持结果导向，就是以活动成效为标准，通过班级活动的开展促进学生全面发展。

一、班级活动设计原则

（一）目标导向原则

坚持目标导向，就是要把握教育目标的内涵。中等职业学校班主任是中职学生管理工作的主要实施者，是中职学生思想道德教育的骨干力量，是中职学生健康成长的引领者。班级活动是班主任开展建班育人的重要载体，应为学生成长服务，为社会主义现代化服务。因此，要深入开展习近平新时代中国特色社会主义思想教育，培育和践行社会主义核心价值观，坚持爱国和爱党、爱社会主义高度统一，加强党史、新中国史、改革开放史、社会主义发展史教育和爱国主义、集体主义、社会主义教育，传承中华优秀传统文化，着力开展劳动教育，突出弘扬劳模精神、劳动精神、工匠精神，培养学生的创新精神和实践能力。例如，围绕"我和我的祖国""新时代　新作为"等主题开展演讲、征文、辩论等活动，帮助引导学生深化对习近平新时代中国特色社会主义思想的认知理解，把握主要内容和思想精髓，实现内化于心、外化于行。

（二）问题导向原则

坚持问题导向，实质上是一个及时发现问题、科学分析问题、着力解决问题的过程。坚持问题导向，首先要学会发现问题。班级发展及学生成长过程中，难免会出现各种各样的问题，发现了问题就等于抓住了事物的矛盾。因此班主任要有一双善于发现问题的眼睛，敏锐地发现学生心理问题、思想问题、行为问题、冲突问题等。坚持问题导向，其次要学会分析问题。班主任要具体问题具体分析，如果该问题是个体层面的或者涉及隐私的，则个别处理即可，若该问题是班上绝大部分同学的共性问题或对整个班级的班风学风存在潜在影响，班主任不妨将问题摆上台面，通过集体教育的方式解决，班级活动是集体教育的一个重要有效形式。坚持问题导向，还要学会解决问题。通过班级活动解决问题，克服了老师一言堂的弊端，发挥全班同学的集体智慧，采用讨论、分享、碰撞等多种方法引导全体同学一起面对问题并解决问题。

（三）结果导向原则

坚持结果导向，就是要关注学生通过参与班级活动后的收获与成长。班级活动应坚持以学生为中心的基本理念，结合中职学生思想、行为特点和班级实际，遵循教育教学规律、思想政治工作规律和技术技能人才成长规律，开展覆盖全体学生、形式多样，有时代性、趣味性、针对性和实效性强的主题班会、主题团日等班级活动，注重发挥学生主体作用，坚持班级整体建设与学生个体培养、严格管理与特色发展有机统一，选取针对性强、学生认可度高、职教特色突出的活动和方式方法，使学生在活动中有收获、有成长。

二、班级活动设计方案的撰写

班级活动设计以班级活动设计方案的形式呈现。一份完整的班级活动设计方案可包含总体构想、活动流程、活动反思三大部分。其中总体构想包括活动背景、活动目标、设计思路、活动时长、活动准备等要素；活动流程包括活动开展的具体步骤、操作方法及设计意图等要素；活动反思则是在活动开展之后的反思展望。

（一）总体构想

总体构想包括活动背景、活动目标、设计思路、活动准备、活动时长等要素。

1. 活动背景

活动背景即班级活动开展的重要性、必要性及可操作性。

活动背景中的重要性源于以下三个方面：一是国家层面对活动主题的整体要求，可参考相关政策文件，例如撰写劳动教育的班级活动，可以《中共中央国务院关于全面加强新时代大中小学劳动教育的意见》中关于开展劳动教育的重要性的要求作为依据；二是结合时事政策，可参考国家重要领导人的讲话，例如在做有关劳动精神、劳模精神、工匠精神的班级活动时，可以参考习近平总书记在2023年"五一"国际劳动节到来之际的讲话，"希望广大劳动群众大力弘扬劳模精神、劳动精神、工匠精神，诚实劳动、勤勉工作，锐意创新、敢为人先，依靠劳动创造扎实推进中国式现代化，在强国建设、民族复兴的新征程上充分发挥主力军作用"；三是结合重要时间节点，例如2022年10月16日党的二十大开幕之后，全社会掀起学习贯彻二十大报告的热潮，在组织此类班级活动时，可以以该时间节点的重要意义为教育背景："2023年是全面贯彻党的二十大精神的开局之年，党的二十大是在我国迈上全面建设社会主义现代化国家新征程、向第二个百年奋斗目标进军的关键时刻召开的一次十分重要的大会，举国关注、世界瞩目。"

活动背景中的必要性则是为什么要在本班开展该主题的班级活动，即学生在所开展活动主题上尚存在哪些问题和不足。获取这些信息，可以通过观察法、问卷调查法、访谈法等形式进行了解，并以问题为导向开展班级活动。

活动背景中的可操作性是指学生的基本情况及现有水平，例如学生所属专业、所处年级、身心发展特点、现有知识水平、专业水平等，这些信息为班主任班级活动设计中将采取的措施提供依据。例如，电商专业的学生擅长图片视频处理、掌握直播技能，班主任就可以充分发挥学生的这一特长，在设计某些班级活动时将学生直播作为一种活动方法。

2. 活动目标

依据美国心理学家布杰明·布鲁姆在20世纪50年代提出的目标分类学，班级活动目标分为认知目标、情感目标和行为目标三个层面。认知目标是指学生在活动中应该掌握的知识、技能和思维方式；情感目标是指学生在学习过程中应该培养的情感、态度和价值观；行为目标是指学生在学习过程中应该表现出来的行为和能力。

3. 设计思路

设计思路应包含活动设计所依据的原理、设计的环节、采用的方法以及活动的预期目标的概括性表述。

4. 活动准备

活动准备分为教师准备及学生准备，是指为了保障活动的正常开展，教师及学生应提前做好的物质的准备、知识的准备以及方法的准备等。

5. 活动时长

活动时长通常以课时数来表示。班级活动可以是 10~20 分钟的微活动，也可以是 1~2 个课时的活动，有条件的可以设计活动的时长为半天甚至更多。活动地点是指开展活动的具体场所，可以是校内，也可以是校外。

（二）活动流程

活动流程是为了实现活动目标而设计的具体步骤、操作方法及设计意图。设计者应依据学生身心发展规律及技能人才成长规律等，进行科学、系统、完整的设计。设计应做到以学生为中心，使学生积极参与；活动应是广大中职学生喜闻乐见的，使学生愿意参与；活动应坚持"贴近学生、贴近生活、贴近实际"的三贴近原则，使学生易于理解；活动应做到知情意行相结合，使学生知行合一，并在活动中学有所获、学有所成；活动应借助家校社企多方力量，形成教育合力，保障活动效果。

（三）活动反思

活动反思即活动后记，是班主任在组织学生实际开展班级活动后，客观分析该活动设计的特色与亮点、不足与反思。班主任应善于反思并及时记录，通过反思活动中的优点与不足，可以调整和改进活动设计的方法和策略，从而使班级活动更加符合学生的认知特点和需求，提升活动的效果，有利于学生发展。与此同时，善于做好活动反思有助于班主任深入理解教育教学理论，将理论与实际相结合，不断更新教育观念，提高活动组织水平，从而促进班主任专业发展，提升班主任个人素质。

第二篇章
实践篇

第一节　新生适应类班级活动

中职一年级的新生刚刚告别紧张繁忙的初中阶段，进入中职学校，一切对他们来说都是陌生的。他们心中充满了疑惑：我的新学校好吗？学校管理严格吗？我的班级有意思吗？我的新老师和善吗？我的同学容易相处吗？不能上普高，读中职还有希望吗？什么是专业？学了这个专业有什么出路？……

为了帮助新生更快地适应新环境，增强他们对中职教育的信心及对专业的认同，新生班的班主任可以开展系列新生适应类活动，例如通过新生学校打卡活动了解学校布局和结构，通过破冰活动打破陌生感认识新同学，通过校规竞赛活动尽快熟悉学校规章制度，通过参观校企合作企业了解专业发展趋势及未来就业方向，通过学习新的职教法增强对职业教育的信心等。

案例1：新生适应之认识新学校班级活动

奔跑青春　乐游校园
——认识新学校班级活动

陆河县职业技术学校　朱美玲

【活动背景】

《中等职业技术学校德育大纲》德育目标要求，中职生要养成自尊、自信、自强、乐群的心理品质，提高心理健康水平和职业心理素质，人格健全，乐观向上。如何更好地融入校园是新生开学的第一课题。本班是电子商务专业，学生主要来自县城各大乡镇，共同话题并不多，同时对于第一次走出乡镇开始中职住宿生活不太适应，需尽快融入校园，提高专业认同感，以昂扬的精神投入新的学习和生活。

【活动目标】

（1）认知目标：了解校园各大重点位置，理解打卡规则，掌握合作的方法。

（2）情感目标：增强学生校园主人翁意识，热爱学校和专业，增强班级凝聚力，培养学生合作、乐群品质。

（3）行为目标：参与"校园小护照"活动，在工作、生活中加强团队合作。

【活动方法】

实践锻炼法。

【活动准备】

一、教师准备

（1）印发学校平面图，准备打卡活动相关材料（乒乓球2个，A4纸20张、购买印章、水果若干种，问答环节题目）。

（2）挑选裁判，开展裁判培训会，指导学生布置打卡点。

二、学生准备

（1）制作校园小护照。

（2）全班学生分成8个小组，推选一名小组长。

【活动时长】

2课时。

【活动流程】

一、环节一：激情动员，蓄势待发

（1）动员讲话。教师借助课件详细讲解学校的发展历程，校园各重点区域的分布图。

（2）活动解说。列表说明"校园小护照"打卡活动的注意事项。

活动以小组形式开展，校园的重点区域分布 4 个打卡点，每个点安排 1 名学生裁判，向各小组发布该打卡点的挑战任务，监督任务执行程度，挑战成功则提供下一打卡点线索。

全班分为 8 个小组，每个小组自行选出 1 名组长，另外根据组员特点，分配拍照、录像、主播、模特等任务角色，如拍照角色负责各打卡点拍摄团队照片，并上传至班级群；录像角色负责小组整场活动记录并后期剪辑视频等。

设计意图：通过细致的讲解，增强学生对学校的认同感和亲切感，知道如何分工合作，为活动顺利开展做铺垫。

二、环节二：闯关打卡，乐游校园

【开展"校园小护照"打卡活动】

（1）打卡点 1：食堂——水果拼盘，创意无限。

小组成员通过校园地图，共同找到食堂的打卡点，完成以下任务：

①根据现场提供的水果，小组共同制作一个水果拼盘。

②拍摄一张小组成员与水果拼盘的合照，上传至班级群。

请裁判员检查任务完成情况，通过则在"校园小护照"上盖章，领取线索卡前往下一个打卡点。

（2）打卡点 2：实训室——寻宝之旅，宝藏合影。

小组成员根据线索找到实训楼的打卡点，完成以下任务。

①根据现场提供的图片寻找宝藏，如：实训设备——摄像机、手机拍摄支架、拍摄稳定器、补光灯、收音麦克风等。

②选出一名小组成员担任模特，任意选取打卡点的一种实训物品，拍摄一张模特与该实训物品的照片，现场做成一张海报图。

③拍摄一张小组成员与宝藏的合照，上传至班级群。

请裁判员检查任务完成情况，通过则在"校园小护照"上盖章，领取线索卡前往下一个打卡点。

（3）打卡点 3：操场——珠行万里，团队接力。

小组成员根据线索找到操场的打卡点，完成"珠行万里"游戏挑战。

游戏规则：每个小组选一名组员在起点放乒乓球，其余组员拿着 A4 纸折成的卡槽连成一条直线接球。小组组员在球经过后迅速跑到队伍的末端，继续传送前方组员传来的球，直到球安全到达指定目的地。运球过程中，如果球掉到地上，则需回到起点重新开始。

裁判宣布挑战成功后，小组成员拍摄一张合照上传至班级群，则可在"校园小护照"上盖章，取线索卡前往下一个打卡点。

（4）打卡点 4：图书馆——趣味问答，知识比拼。

小组成员根据线索找到图书馆的打卡点，完成知识问答挑战，答对 5 题则通过。

【必答题】

①世界读书日是什么时候？（　　）

A. 3月23日　　　B. 4月23日　　　C. 5月25日　　　D. 6月23日

②请说出24字社会主义核心价值观是什么？

③请说出我校的校训是什么？

【选答题】

①《水浒传》的作者是（　　），西游记的作者是（　　）。

A. 施耐庵　　　B. 罗贯中　　　C. 吴承恩　　　D. 曹雪芹

②（　　）北半球的白天最长，（　　）北半球的白天最短。

A. 夏至　　　B. 春分　　　C. 冬至　　　D. 秋分

③有"史家之绝唱，无韵之离骚"之称的纪传体通史是什么？

④我国第一部诗歌总集是什么？

完成答题挑战，裁判在"校园小护照"上盖章，小组成员返回教室。

设计意图：通过贴合实际、有趣、贴合专业的"校园小护照"活动，使学生在快乐游园中熟悉校园情况，增强团队合作能力，提升技术技能水平。

三、环节三：隆重表彰，仪式满满

（1）总结分享。学生围坐一圈，自由分享"校园小护照"的活动感受，如挑战过程中遇到哪些趣事，认识了哪些校园功能区，结交了哪些新同学。罗列并探讨团队合作中遇到的问题及其改进方法。

（2）表彰优秀。根据活动时长，用时最短的前3个小组获得"精英队伍"称号，其他队伍获得"优秀队伍"称号，给获奖队伍颁发奖品。

设计意图：总结分享环节让学生畅所欲言，通过复盘总结经验和不足，也可提高表达能力和人际交往能力。表彰优秀肯定学生的努力成果，增强学生信心和凝聚力。

【活动拓展】

（1）活动剪影分享。

整理活动照片、视频、海报等资料，编辑成文分享到班级公众号和班级家长群，挑选精美的合照打印出来粘贴在班级照片墙上作纪念。

（2）打卡之星评选。

"校园小护照"活动后鼓励学生继续打卡学校其他位置，如团校、机房、学生处办公室、值班室、医务室等，打卡地点最多者，评为本班的"校园打卡之星"，并在下次班会课给其颁发奖状。

设计意图：进一步增强学生对学校的认同，加深同学之间的感情，鼓励学生成为自信、乐群、团结、进步的新时代好青年。

【小贴士】

（1）准备需充分，分工要明确。因活动范围较大，内容较多，因此应提前做好各项准备工作，明确每位同学的分工。对积极性不强的同学，为其安排一位同学带动协助，逐步提升其积极性，教师也应在活动中勤观察。

（2）任务可变换，机动且灵活。各打卡点上的任务可根据实际进行变换，达到认识校园、小组合作的目的即可。

（3）意外事故的应急处置措施。提前联系学校医务室工作人员，协助提供创可贴、胶布、葡萄糖水等应急物品。提前与主管领导联系，告知其活动安排，出现紧急情况及时上报。

（指导老师：佛山市顺德区郑敬诒职业技术学校：李慧文）

案例 2：新生适应活动之认识新同学

你好，新同学！
——认识新同学班级活动

佛山市顺德区勒流职业技术学校　梁汝锶

【活动背景】

从初中进入中职这个新环境中，学习内容和形式有较大改变。面对全新的同学和老师，学生容易因为陌生感而产生畏惧心理，不敢轻易结交新同学，导致班级氛围相对拘束。而学生的中职生活快乐与否，在很大程度上取决于与班级同学的相处情况和人际关系的和谐程度。组织班级破冰活动可以拉近学生关系，加速学生间的友谊建立，从而帮助学生减少陌生感，增加班级归属感，推动学生快速适应新环境、融入新集体。最终增强学生的自信心和自我价值感，建设团结、友好、互助的班集体。本班共有48名学生，19名女生，29名男生，来自不同的初中及班级，相互认识的占少数。

【活动目标】

（1）认知目标：了解班级同学的兴趣爱好和性格特征，学会欣赏、信任和团结。

（2）情感目标：对新班级和新同学产生认同感和亲切感，营造友好的班级氛围，增加班级凝聚力。

（3）行为目标：培养团体协作意识和人际沟通能力；加强同学间的沟通交流，打破拘束，团结同学，融入集体。

【活动方法】

游戏法、活动体验法

【活动准备】

一、教师准备

（1）3副不同款式的扑克牌，只留1~8数字的牌，黑桃3份，红桃3份，共6份48张。

（2）若干小组挑战项目牌、若干支援任务卡、6包便签纸。

（3）电子计时器或者电脑投屏计时。

二、学生准备

（1）班干部组织学生布置活动场地。

（2）签字笔。

【活动时长】

2课时。

【活动流程】

一、环节1：报数抱团助破冰

（1）男生女生各围成一个圈，男生在外圈，女生在内圈（可视男女生人数进行调整）。

（2）报数抱团游戏。

男生沿圆圈逆时针慢跑，女生沿圆圈顺时针慢跑。跑动的时候保持间隔距离，并与经过的男（女）生击掌。

老师喊出口令，如："5个大拇指围在一起点赞"（数字是指要抱团的人数），参与的同学要按老师所喊的数字快速组队，并做出口令动作为抱团成功；组队人数超出或不足规定的数量为抱团失败，抱团失败的同学可以自选表演节目或完成指定任务。

（3）注意事项：在活动中，老师喊完口令后，要注意观察参与同学的抱团情况，确定谁是节目表演者。

设计意图：运用游戏调动起来同学们的兴奋度和参与度，拉近关系，达到破冰、暖场的效果。口令形式多样，可以是抱团人数+动作的形式，例如："10个手肘碰在一起""4只手掌击掌""7条腿抬起来"等，利用合适的肢体接触，增加参与同学间的亲密度。

二、环节2：姓名接力初了解

（1）抽牌组队。将准备好的扑克牌随机发给学生按规则组队。

第一轮：按照数字进行分组，相同数字组成一组，每组6人，共8组；

第二轮：按照花色进行分组，同款式同花色组成一组，每组8人，共6组；

第三轮：按照颜色进行分组，相同桃色组成1组，每组24人，共2组。

（2）姓名接力比赛：

根据扑克牌规律进行3轮分组和介绍，每轮人数和难度逐步增强。5~10分钟时间准备，学生按照介绍话术依次做自我介绍，其他组员边听边记住本组成员的介绍。完毕后进行组间比赛，每位组员轮流完整复述组内所有成员的自我介绍内容，完成一个组内循环总用时最短的小组胜出。

第一轮介绍话术："大家好，我是来自_____（家乡）的_____（姓名）"。

第二轮介绍话术："大家好，我是喜欢_____（兴趣、特长）的_____（姓名）"。

第三轮介绍话术："大家好，我是来自_____（家乡）喜欢_____（兴趣、特长）的_____（姓名）"。

游戏过程中，为了激发小组团队意识，增加游戏的刺激性，用时最长的小组需要抽小组挑战牌，并完成挑战任务。

设计意图：从沟通上，共同点可以快速拉近人与人的心理距离，介绍话术中加入家乡和兴趣、特长，能帮助学生寻找彼此的共同点，增加亲切感。随机分组也可以让学生打破习惯，去接触不同的同学。

三、环节3：盲扫地雷建信任

（1）报数组队。全班学生围成圈从1~8依次报数，相同数字的同学为一组，每组6人，组成8组。

（2）盲扫地雷游戏。

用彩色的加粗贴纸围一个游戏场地，在场地里放上标志桶作为地雷。游戏分三轮进行，每组每轮派出两人参赛，一人戴上眼罩在游戏场内"作战"，一人在游戏场外发布命令，指挥队友避开"地雷"，碰到"地雷"或被其他组员碰到的成员即淘汰。有成员淘汰时，游戏原地暂停15秒后继续，每轮留到最后的2名成员为胜利。

（3）学生游戏分享。游戏结束后，邀请学生分享感受。

（4）教师小结。在这个游戏中，戴上眼罩的同学要在地雷阵里摸黑作战，稍有不慎就会被淘汰。要获得胜利就需要两个人在比赛前充分沟通，培养默契和信任。一个团队，信任是前进的重要源泉。除了要信任同学、老师以外，还要争取成为同学心中信任的伙伴。只有相互信任才能相互扶持、相互成长，才能成为打不垮吹不散的集体。

设计意图：信任是熟悉的基础，互相信任才有扶持相助的可能，不仅要信任同学，还要成为同学心目中信任的对象。通过游戏促进同学间的沟通和交流，建立信任，消除隔阂，缩短学生的心理距离。

四、环节4：支援前线共齐心

开展游戏。按照上一环节的分组，每组派出一名代表站到讲台前充当"前线士兵"，其余组员在各自座位上充当"支援士兵"。前线士兵抽取一张支援任务卡，向本组求救后，支援组员有30~60秒的时间共同完成任务。超时或没完成任务的小组，视为支援任务失败而被淘汰。

第一轮，前线士兵需要8个校卡。

第二轮，前线士兵需要9支黑色签字笔。

第三轮，前线士兵需要2根头发，长度分别是5厘米和15厘米。

第四轮，前线士兵需要3只纸鹤和手写的"加油"彩色立体字。

第五轮，前线士兵需要一张A4纸，上面有3句来自其他小组不同同学写的正能量的话。

第六轮，前线士兵带着所有的支援物品和组员完成3个指定动作。

设计意图：通过活动，既锻炼了小组成员的团队协作能力，又加强了小组间成员的交流，培养学生的互帮互助意识，增强班级凝聚力。

五、环节5：无声点赞表感恩

（1）回顾活动点滴。全班同学面对面围成一个大圈，利用1分钟的时间，闭上眼睛安静回顾活动的整个过程。

（2）教师引导点赞。教师说明不同点赞方式的意义：竖大拇指为小赞，握手为中赞，拥抱为大赞。要求学生在不能讲话的前提下，自由选择不同的同学给予不同的赞，直至老师喊"时间到"才结束点赞活动。

（3）学生分享点赞感受。

设计意图：帮助学生在无声的环境下，放大肢体语言对心灵的触动，体验心流的美好，打破心灵壁垒，巩固同伴间的珍贵情谊。

【活动拓展】

小组风采展示。

（1）每个小组设计小组名称、口号、展现小组最佳精神风貌的团队动作。

（2）分别拍摄小组风采视频，展示小组名称、口号和动作，制作成视频发送至班级公众号。

（3）分别拍摄小组团队动作照片，冲洗出来张贴在班级文化墙上。

设计意图：通过富有仪式感的展示活动，巩固活动效果，延伸活动实效。

【小贴士】

（1）活动参与人数较多，可以准备2~3个音量较大的麦克风，一个教师用，一个学生分享用，让学生能够听得更清晰。

（2）活动前让学生自发组成宣传小组，给每位拍摄小组成员分好工，负责录影、拍摄以及撰写班级公众号，留下班级活动的精彩时刻。

（3）在整个游戏活动中，需要较大空间，如果在教室进行，需要把学生的桌椅整齐放到教室前方和两侧或搬到走廊。因参与组别较多，要根据活动场地的实际情况对每个小组的位置合理划分。

（4）学生熟悉起来之后难免变得情绪激动，在场控方面要考虑到位。游戏前可以先跟学生制订一个口令（如：当老师说"三班三班"，同学们需要接"团结相伴"），快速拉回学生的注意力，同时也可以提前安排几名班干部参与纪律管理。

（指导老师：佛山市顺德区郑敬诒职业技术学校：李慧文）

案例3：新生适应活动之认识新专业

我眼中的设计师
——认识新专业班级活动

中山市现代职业技术学校　常莹

【活动背景】

习近平总书记在向世界职业技术教育大会发出的贺信中指出，职业教育与经济社会发展紧密相连，对促进就业创业、助力经济社会发展、增进人民福祉具有重要意义。职业教育的重要性要求当代中职生充分确立专业认知、增强专业认同、针对产业行业需求练就过硬本领，为助力经济社会发展添砖加瓦。

本班学生为2022年入学的平面设计专业学生，初入学校、初识专业，对平面设计专业的认识存在片面化、表面化等问题，急需进行教育引导。

【活动目标】

（1）认知目标：了解平面设计专业岗位有哪些必需的专业知识和技能。

（2）情感目标：产生初步的专业认同感和职业责任感。

（3）行为目标：能够在未来的专业学习中目标明确，为获取岗位实际必需的专业知识和技能而不懈努力。

【活动方法】

活动体验法；小组协作法。

【活动准备】

（1）教师准备。

①教师联系校企合作单位，跟据活动内容，需要一间能容纳全班同学的场室，并配备一体机。并且，该单位需提前告知员工，在学生进行采访和调查时予以配合。

②教师以"我眼中的设计师"为题设计问卷，围绕"在你看来，一名合格的设计师需要掌握哪些知识和技能，需要具备怎样的品质"提出问题，供活动中使用。

③针对外出到企业的具体情况，教师事先对学生做好安全教育，并制订应急预案。

（2）学生准备。

全班同学分成6组，组内讨论确定组长。

【活动时长】

2课时。

【活动流程】

一、环节一：问卷反馈，导其思

教师将活动前设计好的问卷（见附件）发布在学习平台上，学生通过平台完成问卷。完成后，教师将问卷的统计结果展示在一体机上，归纳出出现频率最多的关键词。

设计意图：学生作为初识平面设计专业的新生，对专业的认识尚浅。通过问卷调查，引导学生审视自己对专业的认识，形成对元认知的认知，从而产生真正了解专业的动机，为后续环节的开展奠定良好基础。

二、环节二：自由采访，观其真

学生以小组为单位，按照任务单的指引，自主选择去采访企业的哪几位员工完成任务单上的任务。每完成一个任务，需要请帮助完成任务的企业人员签名佐证（表2-1）。

表2-1　2022级平面设计班"认识专业"采访任务单

任务名称	具体内容	证明人
了解岗位设置	本公司的岗位大致可分为（　）类，包括：	
明晰岗位实际	设计师的工作包括： 工作时长大概为每天（　）小时。	
熟知岗位需求	要胜任（　）岗位，需要学习（　）等知识和技能。 要胜任（　）岗位，需要学习（　）等知识和技能。	
自由设问	我的问题： 我得到的回答：	

设计意图：教师应尽最大可能给学生发挥主观能动性的机会和空间，让学生在自己主动发起的交流中，了解到专业现状和岗位实际，对自己未来努力的方向、学习的重点有更为清晰的认识。

三、环节三：学习先进，明其意

邀请2～3名该企业工作业绩或获奖成绩最优秀的员工，在教师的主持下开展微论坛，向同学们展示在平凡岗位上创造优秀成绩、实现自我价值的典型案例。

设计意图：在学生对专业有了基本的认知的基础上，通过先进典型的榜样示范，对学生产生正面强化，产生初步的专业认同和专业自信。

四、环节四：明确方向，笃其行

教师在学习平台发布提问：通过本次活动，你对"一名设计师必需的知识和技能"这个问题有了哪些新的想法？在今后的学习中，你打算怎样做？学生登录学习平台回答提问，请企业人员对学生的回答进行点评。

设计意图：照应导入环节的问卷，引导学生重新审视这个问题，将在前面几个活动环节中产生的新的认知、生成的情感落实到行动的指引上。

五、环节五：教师总结，点其睛

教师肯定全班同学对活动的积极参与和认真对待，高度赞赏学生积极思考、战胜困难的决心。

设计意图：班主任在整个活动过程中一直充当一个观察、后方把控的角色，在活动尾声一定在总结中体现出班主任对活动的积极关注、对学生付出和成长的敏锐捕捉。对活动的主题进行总结和升华，帮助学生提升思想认识。以激励学生在今后的活动中更加积极、认真参与。

【活动拓展】

及时归纳，生成指引。

学生结合企业人员的评价，制订专属自己的"专业学习行动计划"，要求计划要细化到具体做法，可检测、可评价。

设计意图：将活动中生成的新知和专业认同感落实到具体行动上，以细化的行动计划指引学生明确学习方向。

【小贴士】

其他专业在依据本设计文稿开展活动时，需结合班级专业特点做出有针对性的调整。

附件：活动前调查问卷范例：

我心中的设计师

请画出你心目中最理想的平面设计师的形象，并完成以下问题。

（1）你认为平面设计师必须熟练掌握哪个或哪些软件的操作？（　　）

A. Photoshop

B. Coreldraw

C. Indesign

D. Illustrater

E. AutoCad

F. 其他：_____

（2）你认为平面设计师工作范畴包括哪些？（　　）

A. 标志设计（Logo 设计）

B. VI 设计

C. 包装设计

D. 画册设计

E. 海报设计

F. 报纸广告设计

G. 杂志广告设计

(3) 你认为平面设计师，最关键的能力是什么？(　　)

A. 所掌握软件的技能熟练情况

B. 与客户的沟通能力

C. 在校优秀的学习成绩

D. 自带作品做的情况

E. 是否有团队精神

F. 是否有实际工作经验

(4) 你认为平面设计师应具备哪些素质？(　　)

A. 扎实的美术基础

B. 强烈敏锐的感受能力

C. 发明创造的能力

D. 对作品的美学鉴定能力

E. 对设计构想的表达能力

F. 具备全面的专业智能

(5) 你认为平面设计作品提案怎样是更优化的？(　　)

A. 100%设计师喜欢的风格，把自我发挥到极致

B. 50%设计师喜欢，50%客户喜欢的风格，各让一半，互相妥协。

C. 0%设计师喜欢，完全从客户的要求出发，放弃自己的风格。

（指导老师：佛山市顺德区郑敬诒职业技术学校：李慧文）

案例4：新生适应活动之认识新规则

悬平知衡，言规行矩
——规则教育班级活动

武汉市体育运动学校　夏　怡

【活动背景】

本班学生为运动训练专业，学生活泼开朗、积极主动、集体观念强，具有顽强拼搏的体育精神，也存在行事冲动、感情用事等问题。85%的同学从小学就开始专业体育训练，在教室学习时间不多，规则意识偏弱，偶尔会有违纪行为发生。在建班之初，学习学校规章制度、制订班规有助于班级规范化建设和学生专业素养、行为规范的培养。

【活动目标】

（1）认知目标：理解、掌握学校规章制度和《中等职业学校学生公约》，明确规则与行为规范重要性。

（2）情感目标：培养规则意识，增强班级认同感和归属感。

（3）行为目标：能自觉遵守班级公约，用班级制度指导自己的一言一行，养成文明守纪好习惯。

【活动方法】

合作探究法、任务驱动法、榜样示范法、自我教育法。

【活动准备】

（1）教师准备。

①邀请本校校友、全国53公斤级女子自由式摔跤冠军邓莉以视频连线的方式参加活动并作分享，商议分享内容。

②预定合适的活动场所并组织学生进行布置，准备活动多媒体素材。

③提前一周发布校规和《中等职业学校学生公约》学习打卡任务。

④准备4块白板，若干黑色签字笔。

（2）学生准备。

①全体同学利用空闲时间自学校规和《中等职业学校学生公约》，在小程序上打卡，形成学习情况打卡PK光荣榜。

②确定几名班级"小小观察员"观察并记录开学以来班级的不文明行为，剪辑制作微视频。

③全班学生分成4个小组。

【活动时长】

2课时。

【活动流程】

一、环节一：学公约，懂规范——了解行为规范

打卡任务导入。教师公布校规和《中等职业学校学生公约》学习PK光荣榜，回顾一周以来的学习打卡情况，引出行为规范的主题。

设计意图：从回顾公约学习情况开始，帮助学生初步认知规则，激发参与兴趣。

二、环节二：差毫厘，谬千里——感知行为规范

（1）开展"规则闯关挑战"游戏。抽签随机选出10名学生代表，在空旷处上站成一排，认真听取情景题目，根据自身实际情况如实做出选择。选择"是"的同学，往前走1步，选择"否"往后走一步，选择"不确定"原地不动。其他学生在原位将选择写在纸上。（注：闯关情景题目见附录。）

（2）学生相互观察与思考。游戏结束后，本来在同一起点的同学站在了完全不同的位置。有的同学遥遥领先，有的同学原地不动，有的同学甚至在起点之后。

（3）讨论与交流。引导学生思考导致学生最后处于不同位置的原因。

（4）教师归纳总结规则的力量。

设计意图：在游戏活动体验中实现自我教育，明确行为规范的作用，深入体会到行为规范的重要性。

三、环节三：循规言，行矩步——学习行为规范

（1）现身说法。本校优秀毕业生、全国冠军、国家摔跤队队员邓莉，以国家队队规为例讲解。邓莉结合自身成长、成功经历，分享自己对体育行业行为规范的理解，以及行为规范对个人成长的促进作用。

（2）教师补充讲解中职生行为规范、本校校训校规、行业企业规范。

设计意图：从体育专业规范、学校规范、企业规范三个层面学习规则。榜样示范法加深学生对行为规范的了解，从而自觉遵守行为规范。

四、环节四：设规矩，陈绳墨——制订行为规范

（1）视频找碴。播放班级"小小观察员"拍摄的微视频，学生分别找出视频中班级里存在的文明行为和不文明行为。

（2）运用"旋转木马"活动法商议制订班级公约。学生分成4个小组，每个小组旁边立有一块白板，上面各自标识班级管理制度的四大主题之一："考勤制度""文明礼仪""学风纪律""环境卫生"。

活动开始后，小组成员先针对小组旁边的班规主题进行商议，并在对应白板上写上具体的制度内容。5分钟后，教师喊出"旋转木马转起来"的口令，小组学生顺时针转到下一块白板，针对主题补充写上组内讨论结果。以此类推，直至四个小组都在四块白板写上建议。

设计意图：通过班级视频找茬，将个人行为规范上升到班级行为规范。创新活动形式，促使学生全员参与制订班级公约并以此指导自己的言行。

五、环节五：言有戒，行有止——遵守行为规范

（1）投票表决。全班同学对四块白板的内容进行表决或微调修改，最后形成班级公约。

（2）签承诺书。全班同学用签名和按手印的方式签署承诺书，并将其贴在班级教室宣传栏上。

设计意图：集体表决提升学生对班级公约的认同感，签署承诺书增加活动的仪式感，帮助学生自觉养成文明守纪好习惯，助力班级自主规范化管理。

【活动拓展】

（1）表彰遵纪守规先进学生。

根据学生遵守班级公约的情况，每月评选遵纪守规先进学生，将其事迹做成海报或视频发至班级群和家长群。

（2）定期完善班级公约。

根据班级公约的实施情况，定期反思公约的具体内容，及时调整、完善班级公约。

设计意图：表彰先进和完善公约，发挥辐射作用，将班级公约落实到行动中，提高班级公约的影响力。

【小贴士】

本次活动建议在开学1~2周的班会课上举行，教师对学生有初步了解，基本掌握班级情况。活动内容较多，需注意活动秩序的维持，教师需把控好活动节奏。活动场地建议比普通教室略大一些为宜，留出游戏空间。

另外，"小小观察员"录制剪辑视频时，要注意尊重学生的肖像权与隐私权，后期可遮住人物面部。如班级里无违纪行为，可以组织学生表演相关场景并拍摄。

在环节二"规则闯关挑战"中，情景可根据学生专业和企业规范适当调整；环节三"现身说法"板块，可根据学生的专业和现有资源挑选合适的讲解员和讲解形式。

附："规则闯关挑战"题目

情景一：你能说出我校校规的主要内容吗？

情景二：开学之前，朋友约你一起去染头发，他提议染现在最火的网红色，你会拒绝吗？

情景三：上学路上，你还有几分钟就要迟到了，过马路时你会遵守规则、不闯红灯吗？

情景四：刚上课几分钟，老师还没来，同桌约你打一盘"王者荣耀"，你会拒绝吗？

情景五：课间有同学在教室内追逐打闹，你会主动阻止他们吗？

情景六：放学后，同学约你去营业性舞厅、酒吧、网吧、游戏厅、录像厅等场所，你会拒绝进入吗？

情景七：学校寝室里，室友约你一起打牌饮酒，你会拒绝并劝阻他们吗？

情景八：一路上都没找到垃圾桶，你会坚持寻找垃圾桶，不乱丢乱倒垃圾吗？

情景九：临近期末考试，同学约你一起互相配合作弊，你会拒绝吗？

情景十：重要比赛前夕，队友送给你一瓶"特效药"（兴奋剂），告诉你吃了明天一定超常发挥夺得冠军，你会拒绝吗？

（指导老师：佛山市顺德区郑敬诒职业技术学校：李慧文）

第二节 铸魂系扣类班级活动

　　中职生的理想信念、价值观、思想道德状况，直接关系到我国产业生力军的素质，关系到国家和民族的未来。国家教育方针决定了教育必须为社会主义现代化建设服务，《中等职业学校德育大纲》《关于加强和改进新时代中职学校德育工作的意见》等文件也明确提出，加强新时代德育工作，对于培养高素质劳动者和技术技能人才、培养担当民族复兴大任的时代新人，具有重大战略意义。

　　中等职业学校班主任工作是重要的育人工作，中职班主任应结合重要时间节点在班级循序渐进地开展铸魂·系扣类主题教育活动，为正处于拔节孕穗关键期的中职生系好人生第一粒扣子，树立实现中国梦的远大理想，牢固树立中国特色社会主义道路自信、理论自信、制度自信，热爱祖国，热爱人民，热爱中国共产党，拥护党的领导。

　　班主任可利用植树节、劳动节、青年节、教师节、国庆节等重大节庆日集中开展爱党爱国、民族团结、热爱劳动、尊师重教、爱护环境等主题教育活动。利用学雷锋纪念日、中国共产党建党纪念日、中国人民解放军建军纪念日、七七抗战纪念日、九三抗战胜利纪念日、九一八纪念日、烈士纪念日、国家公祭日等重要纪念日，以及地球日、环境日、健康日、国家安全教育日、禁毒日、航天日、航海日等主题日，设计开展相关主题教育活动。同时，班主任应结合时代特色，开展习近平新时代中国特色社会主义思想教育、理想信念教育、社会主义核心价值观教育、中华优秀传统文化、革命文化和社会主义先进文化教育、劳动精神、劳模精神和工匠精神教育、四史教育、学习二十大报告等班级活动。

案例1：习近平新时代中国特色社会主义思想教育

黄连村的前世今生
——习近平新时代中国特色社会主义思想教育主题活动

佛山市顺德区勒流职业技术学校　袁秀玲

【活动背景】

习近平新时代中国特色社会主义思想是新时代中国共产党的思想旗帜，是国家政治生活和社会生活的根本指针，是当代中国马克思主义、21世纪马克思主义。青年学生正处在人生成长的"拔节孕穗期"，最需要精心引导和栽培。他们的理想信念、价值观、思想道德状况，直接关系到我国产业生力军的素质，关系到国家和民族的未来。因此需要用习近平新时代中国特色社会主义思想来武装头脑，帮助引导学生深化对习近平新时代中国特色社会主义思想的认知理解，把握主要内容和思想精髓，实现内化于心、外化于行，为实现中华民族伟大复兴添砖加瓦。

本班学生是设计专业二年级的学生，他们处于人生的"拔节孕穗期"，正在构建自己的人生观和价值观，需要用习近平新时代中国特色社会主义思想来武装头脑。

【活动目标】

（1）认知目标：了解习近平新时代中国特色社会主义思想的核心内容里关于"八个明确"和"十四个坚持"的基本内容。

（2）情感目标：深刻理解、高度认同习近平新时代中国特色社会主义思想在我国取得变革性实践、突破性进展和标志性成果背后发挥的巨大作用。

（3）行为目标：听党话、跟党走，从身边做起，从美化家乡做起，在扎实的社会观察和社会实践中为建设美丽中国，实现中华民族伟大复兴添砖加瓦。

【活动方法】

参观游览法、游戏竞赛法、实践锻炼法。

【活动准备】

（1）联系当地社会主义新农村典型代表——黄连村，确定活动流程。

（2）向学校报备、购买意外保险、联系车辆、印发致家长一封信。

（3）准备习近平新时代中国特色社会主义思想的学习资料，做好抢答活动的课件。

【活动时长】

3课时。

【活动流程】

一、环节一：参观村史馆，了解黄连村前世

（1）参观学习，了解前世。

全班同学在黄连村义务讲解员的带领下，参观村史馆，认真聆听讲解员介绍黄连村曾经的史地沿革、文物建筑和民俗风情，并做好笔记。

（2）分配任务，寻找今生。

在学习了黄连村的历史之后，教师布置任务：以小组为单位，领取一张旧照，在接下来举行的徒步环节，沿途寻找旧照所在地，并在同一位置同一视角拍摄一张现在的模样。

设计意图：在参观中了解黄连村的历史，形成旧黄连村的感观认识，为下一步"前世今生"的对比做好铺垫。

二、环节二：徒步黄连村，欣赏黄连村的今生

（1）村内徒步，欣赏风景。

全班同学参观完村史馆后，各小组带着老师在上一环节布置的"寻找照片今生"的任务在黄连村徒步，欣赏社会主义新农村黄连村美丽的风景，感受黄连村的新变化。

（2）寻找今生，拍照留证。

各小组根据手上的旧照片寻找照片的今生，并在旧照片的同一位置同一视角拍照，拍下旧照的今生美照。

设计意图：让同学们在徒步参观中感受农村的新面貌，理解我党是以人民为中心的，只有在中国共产党的领导下我们才能过上幸福生活。

三、环节三：分享新变化，比较黄连村的前世今生

（1）上交照片，对比变化。

徒步结束，全班同学回到村史馆，以小组为单位上交黄连村风景美照。老师投影展示各小组拍的美照和旧照，全班同学一起对比今昔照片，思考并交流今昔变化。

（2）讲述变化，感受变迁。

黄连村义务讲解员结合新旧照片讲述黄连村的变化，同学们认真聆听并做好记录。

设计意图：同学们通过观看和聆听，黄连村的旧貌和黄连村的新貌在脑海里形成鲜明对比，感受社会主义新旧农村的变化，加深理解只有在中国共产党的领导下我们才能过上幸福生活，从而更加坚定我们听党话、跟党走的信心。

四、环节四：寻找变化源，在理论学习中领会思想

（1）探究根源，讨论分享。

全班同学欣赏对比后新旧景物照后探讨：黄连村今昔变化巨大，为什么能有那么大的变化呢？学生自由讨论，最后由组长回答。

（2）概括总结，归纳缘由。

老师总结：我党在习近平新时代中国特色社会主义思想指引下，不忘初心、牢记使命，日渐丰富了人民的物质以及精神生活，带领着中华民族蓬勃发展与创新，并让中国时刻走在世界发展的前端，为人民创造出美好的生活。

(3) 知识抢答，巩固理论。

检验习近平新时代中国特色社会主义思想理论知识的学习结果：分小组进行知识抢答。老师投影展示习近平新时代中国特色社会主义思想相关题目，小组成员抢答，答对加分，答错扣分。对得分前三名的小组进行奖励，掌握理论知识。

设计意图：采用青少年抢答互动的形式，将政治理论变得简单有趣，帮助同学们在轻松愉快的氛围中完成理论知识学习，懂得习近平新时代中国特色社会主义思想是国强民富的指南针。

五、环节五：彩绘村居，在专业实践中美化乡村

组织全班同学对村史馆外墙空白处进行彩绘，标上习近平新时代中国特色社会主义思想核心内容"八个明确"和"十四个坚持"。

设计意图：学生将平时学到的绘画专业技能运用到美化乡村建设上来，让家乡更美，同时向广大村民宣传习近平新时代中国特色社会主义思想。

【活动拓展】

(1) 理论学习。

下载学习强国APP，利用节假日、周末进行学习打卡。参与"悦读伴我成长"职教学生读党报活动，每位同学录一段读党报视频发到钉钉班级群，每个月评出三位"读党报之星"进行奖励。

(2) 活动体验。

开展"彩绘村居"活动，同学们利用课余的时间到学校附近村委对沙井盖或空白墙进行彩绘，彩绘成品拍照上交班委，每周班会课老师投影展示。每学期末，班级对每个同学的彩绘作品进行评比，评出前三名，赋予班级"彩绘能手"。

设计意图：在党的二十大报告中，总书记提出：广大青年要坚定不移听党话、跟党走，怀抱梦想又脚踏实地，敢想敢为又善作善成，立志做有理想、敢担当、能吃苦、肯奋斗的新时代好青年，让青春在全面建设社会主义现代化国家的火热实践中绽放绚丽之花。通过持续性的打卡、读报活动，进一步夯实学生的政治理论；通过彩绘村居活动，坚定同学"跟党走，美家乡"的决心。

【小贴士】

习近平新时代中国特色社会主义思想内涵十分丰富，核心要义是坚持和发展中国特色社会主义，核心内容是中共十九大报告概括的"八个明确""十四个坚持"。学生采用传统的学习方法学习理论，枯燥无味，效果不好。只有将理论运用于生活实际，学生才能够更好地理解理论知识。"黄连村的前世今生"主题活动，贴近学生生活实际，在活动中，学生更能理解习近平新时代中国特色社会主义思想，把握思想精髓，实现内化于心、外化于行，为实现中华民族伟大复兴添砖加瓦。

（指导老师：佛山市顺德区勒流职业技术学校：周玲）

案例2：理想信念教育

让青春在理想信念的高地上绽放
——理想信念班级活动设计

郑州市财贸学校　赵　茹

【活动背景】

"火热的青春，需要坚定的理想信念""争当伟大理想的追梦人，争做伟大事业的生力军，让青春在祖国和人民最需要的地方绽放绚丽之花"，在庆祝中国共产主义青年团成立100周年大会上，习近平总书记对当代青年提出殷切期望，对青年的健康成长指明了正确方向、确立了精神坐标，为新时代青年工作擘画了新的未来、提供了根本遵循。高星级饭店运营专业学生经过两年的中职生活，大部分学生能够认真完成专业学习，有一定的努力目标，但仅停留在未来有个好工作的层面上，理想信念普遍较弱，不能认识到个人成长成才与国家富强、民族振兴紧密相连。

【活动目标】

（1）认知目标：掌握理想信念的内涵，认识到理想信念与国家富强、民族复兴有着密切关联。

（2）情感目标：认同理想信念的重要意义，激发学生坚定信念、奋斗青春的决心和热情。

（3）行为目标：设计心愿，将理想信念付诸于实际行动中。

【活动方法】

情感陶冶法、榜样示范法、实践锻炼法。

【活动准备】

教师准备：选拔主持人、准备心愿卡。
学生准备：准备道具、相关故事和案例。

【活动时长】

1课时。

【活动流程】

一、环节一：一封家书，感悟理想信念

（1）一封家书再现情景。

通过学生表演的情景剧，再现抗日英雄赵一曼烈士在就义前给孩子宁儿书写家书的场景，带领学生回到那个水深火热的革命年代，感受赵一曼经受了敌人的严刑拷打，最终惨遭杀害但不屈不挠、坚守理想信念的品质。

（2）教师小结引出内涵。

引出理想信念的内涵：理想信念是中国共产党人奋斗的政治灵魂，是共产党人精神上的"钙"。

设计意图：以情景再现的形式导入赵一曼烈士的家书，激发学生参与活动的兴趣，感受中国共产党人坚强不屈的革命意志，从而掌握理想信念的内涵。

二、环节二：两个故事，坚守理想信念

时空对话：主持人与革命烈士和航天英雄进行不同时间、不同空间的对话。

（1）时空对话陈树湘。

主持人与学生扮演的革命烈士陈树湘进行对话，听其讲述在敌人押送途中，趁着敌人不备，忍着剧烈的疼痛，断肠明志，壮烈牺牲的故事。感受陈树湘短暂却壮烈的一生，体会他用生命和鲜血捍卫的理想信念和对党的绝对忠诚。

（2）时空对话航天追梦人。

主持人与学生扮演的感动中国人物——航天追梦人进行对话，听其讲述"敢上苍穹揽月，不畏艰险启航，豪情问天，壮志报国"的故事。感受中国人探索太空、发展航天的脚步从近地走向深空、从无人走向有人、从月球走向火星的艰辛历程，体会中国航天人以坚定的理想信念在探索浩瀚星空的道路上永远洋溢的青春热情。

（3）分组讨论体悟内涵。

新时代我们为何需要坚守理想信念？

设计意图：引导学生感受不同时代不同空间的人们坚守理想信念的感人故事。通过小组讨论，帮助学生明晰在新的时代如何去更好地坚守理想信念。

三、环节三：三个榜样，诠释理想信念

（1）学生分享行业榜样案例。

学生分享中国饭店协会改革开放40周年功勋服务大使张丹凤的典型案例。诠释她从广州白天鹅宾馆备餐间的帮工到高级宾客关系经理，再到职业院校教师的不平凡事迹。体悟她的华丽"退出"就是为了帮助更多专业的人留在酒店行业，为中国培养出优秀的酒店管理人才，让中国选手能够在世界级竞赛中拿到冠军的理想信念。

（2）学生分享专业榜样案例。

学生分享全国技术能手于婷婷的典型案例。感受她从一名普通的酒店管理专业中职生蝶变为全国首届技能大赛餐厅服务项目金牌获得者的奋斗历程。引导学生学习于婷婷在备赛中攻坚克难，努力拼搏，最终摘得餐厅服务项目金牌的可贵精神。

（3）学生分享朋辈榜样案例。（真人图书馆）

邀请学长司家豪同学走进班级，向同学们展示传统文化长嘴铜壶茶艺，聆听他勤学苦练茶艺技能最终成长成才的故事，感受其不忘初心，立志发扬茶文化，书写青春最美色彩的信念。

设计意图：通过分享酒店专业相关榜样人物的典型案例，引导学生感悟他们在火热青春

中为坚守理想信念而奋力拼搏的精神，激发学生坚定信念、奋斗青春的决心和热情。

四、环节四：四个心愿，践行理想信念

在轻松愉快的音乐中引导学生思考个人的四个心愿：学期心愿，学年心愿，学业心愿和从业心愿。学生将心愿写在心愿卡上并张贴到班级心愿墙。鼓励学生不忘初心，努力奋斗，坚守理想信念，绽放青春芳华，早日成为酒店行业高素质技术技能人才，彰显我国旅游服务业的靓丽风采。

设计意图：通过许愿的形式帮助他们思考近期目标和远期目标，认识到自己作为酒店人的使命与担当，学会将理想信念付诸于实际行动中。

【活动拓展】

（1）制作美篇。

以组为单位，搜集行业榜样人物不忘初心，坚守理想信念的感人故事并制作成美篇。

（2）制订计划。

制订一份心愿完成计划书。

设计意图：通过活动的拓展延伸，帮助学生更好地感悟理想信念的内涵，强化认知；引导督促学生制订计划并实施，从而更有效地实现活动目标。

【小贴士】

（1）该类主题活动要尽量遵循德育三贴近原则：贴近实际、贴近生活、贴近学生，避免"喊口号""两张皮"等情况的出现。

（2）"四个心愿"可以按照不同的维度进行设计，比如"德智体美劳"五个方面，再比如"学习生活"两个方面，还可以按照专业不同进行区别设计。

（3）许心愿容易实现心愿难，班主任要帮助学生克服惰性，做好后期的监督评价工作，陪伴并见证学生一起完成心愿。

（指导老师：佛山市顺德区勒流职业技术学校：周玲）

案例3：中华优秀传统文化教育

赏斗拱建筑之美　砺技能报国之志
——中华优秀传统文化教育班级活动

重庆工商学校　王达会

【活动背景】

为响应习近平总书记激励广大青年"走技能成才、技能报国之路"号召，根据教育部、文化和旅游部办公厅颁发《关于开展职业院校"技能传承中华优秀传统文化"展示活动的通知》要求，坚持"斗拱魂"建班理念，利用当地古建筑群资源优势，结合本班（建筑施工专业二年）学生刚刚结束沙盘建模实训的实际开展研学班级活动。

据调查，学生学习积极性正浓，100%参加实训，对古代榫卯结构建筑探索欲望正强，各学习小组都完成了建模作品，但在传统技艺淬炼、职业精神追求等方面不够重视，50%以上榫卯部件还能看到缝隙，80%的学生理解不了中国古建筑集多种功能于一体的精髓，不知道如何践行"技能成才、技能报国"的青年使命。

【活动目标】

（1）认知目标：了解古庄园斗拱的力量美、结构的和谐美和匠人的内在美。

（2）情感目标：认同古庄园的美，增强文化自信，坚定技能报国的理想信念。

（3）行为目标：学会传承中华优秀文化，能在学习与生活中融入美学思想，强化专业技能训练，争做新时代"鲁班"。

【活动方法】

合作探究法；参观研学法；情感体验法。

【活动准备】

（1）人员准备：召开筹备会；明确活动内容、活动分组、活动分工、活动要求；做好家校沟通。

（2）物资准备：一体机、Ipad、活动软件、课件、组牌、古庄园宣传片。

（3）其他准备：制订安全预案并做好安全教育，联系交通工具，预约古庄园管委会。

【活动时长】

4学时。

【活动流程】

一、环节一：激情引入——唤醒美

活动地点：古庄园学堂

活动内容：对古庄园的历史、布局、结构等的全面了解，六组学生任务分配（图2-1~图2-2）。

教师导语引出主题 → 学生分享了解概况 → 视频观看全面了解 → 明确任务小组分工

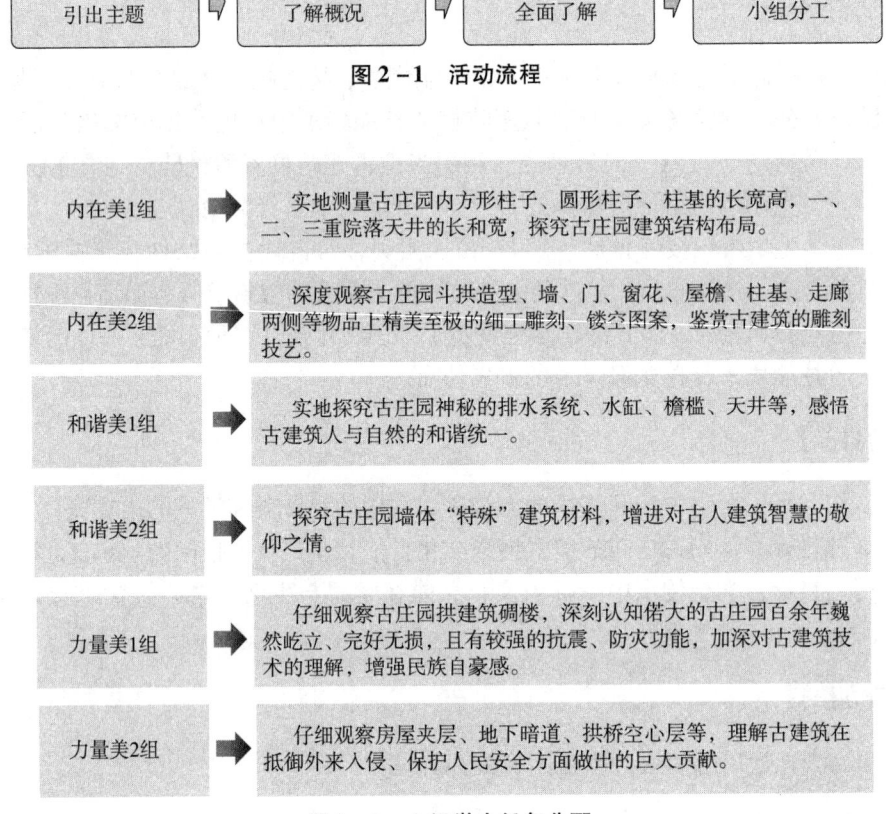

图2-1 活动流程

组别	任务
内在美1组	实地测量古庄园内方形柱子、圆形柱子、柱基的长宽高，一、二、三重院落天井的长和宽，探究古庄园建筑结构布局。
内在美2组	深度观察古庄园斗拱造型、墙、门、窗花、屋檐、柱基、走廊两侧等物品上精美至极的细工雕刻、镂空图案，鉴赏古建筑的雕刻技艺。
和谐美1组	实地探究古庄园神秘的排水系统、水缸、檐槛、天井等，感悟古建筑人与自然的和谐统一。
和谐美2组	探究古庄园墙体"特殊"建筑材料，增进对古人建筑智慧的敬仰之情。
力量美1组	仔细观察古庄园拱建筑碉楼，深刻认知偌大的古庄园百余年巍然屹立、完好无损，且有较强的抗震、防灾功能，加深对古建筑技术的理解，增强民族自豪感。
力量美2组	仔细观察房屋夹层、地下暗道、拱桥空心层等，理解古建筑在抵御外来入侵、保护人民安全方面做出的巨大贡献。

图2-2 六组学生任务分配

设计意图：通过观看视频，感受集居住、观演、防御等多重功能的民间古建筑之美，激发欣赏美、探究美的浓厚兴趣，为研学活动奠定基础。

二、环节二：观测研学——体悟美

活动地点：古庄园戏楼、中庭、中堂、碉楼

活动内容：

设计意图：通过实物观察、实地测量、资料查证等研学方式，了解古庄园的厚重历史、精美布局、精湛工艺，领悟古建筑的魅力，感悟庄园结构、雕刻工艺的内在美，体会排水系统、墙体机构的和谐美，体悟斗拱结构、夹层功能的力量美。

三、环节三：连线专家——深究美

活动地点：古庄园天井、夹层

活动内容：线上连线专家解答排水系统设计原理，线下咨询古庄园讲解员解惑夹层作用。

设计意图：借智借力，深入研究古庄园结构布局，惊叹匠人智慧、学习工匠精神，感悟人与自然、建筑与自然的和谐美。

四、环节四：汇报总结——升华美

活动地点：古庄园学堂

活动内容：整理研学资料，形成研学成果。

（1）整理资料。

各小组整理照片、视频、文字等研学资料，形成研究成果，上传至"超星学习通"平台。

（2）成果汇报。

各小组代表汇报研学成果，赏析中国建筑中蕴含的优秀传统文化，发表所学、所感、所悟，坚定技能成才、技能报国的理想信念。

（3）成果评价。

小组打分，评选出3个"最佳筑美研学小组"，颁发"今日鲁班奖"。为其他小组分发"鲁班锁"，鼓励学生用专业技能传承中华优秀传统文化之建筑文化。

（4）教师小结。

同学们，研学活动，我们在路上！今天，在大家的努力付出、探索创新中，让我们更进一步探究和理解了中华优秀传统文化之建筑文化的内涵和价值，希望同学们在今后的学习和实践中，运用专业技能，将传统文化与现代科技有机结合，为传承和发展中华优秀传统文化做出自己的贡献！

设计意图：通过成果展示与评优激励，升华古建筑的力量美、和谐美和内在美，学会传承中华优秀文化，强化专业技能训练，争做新时代"鲁班"。

【活动拓展】

（1）编辑研学活动美篇。

（2）结合所学专业知识，绘制"斗拱式"建筑体的设计图。

（3）开展以"技能报国"为主题的征文比赛。

设计意图：通过拓展学习，巩固研学成果，增强斗拱班级文化建设，汇聚班级力量，提升班级凝聚力，学习古人吃苦耐劳、追求卓越的品质，惊叹古人的非凡智慧，提升学习内驱力，精技强能、踔厉奋发，做新时代建筑行业的建设者。

【小贴士】

（1）班主任可以结合自己所带班级及专业特色对活动的时间、地点、参与对象、任务分配等进行适当的修改和调整。

（2）在使用这份方案时，需要注意以下问题：

1）活动时间与分组因素对学生的影响，需要提前进行风险评估，并采取相应的措施，例如增加活动时间或调整分组方式，以保证每个学生都能从多个视野全面感悟古庄园的力量美、和谐美和内在美；

　　2）在活动过程中，要及时发现和解决突发事件，确保学生的安全和活动的顺利进行；

　　3）在总结反思环节，要充分听取学生的意见和建议，以便更好地完善和改进方案；

　　4）在应急处理环节，需要明确应急处理流程和责任人，提前做好应急预案和准备工作，以确保在突发事件发生时能够及时、有效地进行处理。

（指导老师：佛山市顺德区勒流职业技术学校：郭俊）

案例4：工匠精神教育

我们与极致的距离
——工匠精神培育班级活动

佛山市顺德区郑敬诒职业技术学校　李慧文

【活动背景】

总理李克强于2021年4月13日对职业教育工作作出批示指出，"注重学生工匠精神和精益求精习惯的养成，努力培养数以亿计的高素质技术技能人才，为全面建设社会主义现代化国家提供坚实的支撑"。学生正处于夯实专业技能的关键时期，领悟工匠精神，自觉践行工匠精神，对学生专业成长具有重要意义。

本班是珠宝专业二年级学生，刚结束金工实训。学生学习态度好，但在工艺标准、技术难点等方面不够重视，65%以上不达标，80%的学生不理解为什么自己的作品被评为不合格，逐渐产生消极情绪。在班级中，开展工匠精神培养的班级活动十分有必要。

【活动目标】

（1）认知目标：理解工匠精神的内涵。
（2）情感目标：认同工匠精神对提升珠宝首饰制作技艺的重要意义。
（3）行为目标：践行工匠精神，提高职业素养和专业技能。

【活动方法】

实践锻炼法、案例分析法、小组合作法。

【活动准备】

一、教师准备

（1）邀请世界技能大赛银牌选手教练现场传经送宝。
（2）借用珠宝展柜与陈奇亮的珠宝作品。
（3）搜集陈奇亮的人物素材，如视频、图片等，制作成精美课件。
（4）指导学生排练情景剧。
（5）准备若干全开白纸、彩色笔。

二、学生准备

（1）准备实训课完成的作品。
（2）全班学生分成4个小组，再推选4名小组长。
（3）报名参加情景剧表演、排练情景剧。
（4）班委带领学生布置活动现场。

【活动时长】

2课时。

【活动流程】

一、环节一：怀匠心——朋辈案例知内涵

（1）盲盒鉴宝。全班同学分成6个小组，围站在盖着绒布的珠宝展柜旁边，听从教师的指令，一起掀开绒布，细细鉴赏我校珠宝专业毕业生陈奇亮在校期间创作的珠宝作品，感受作品的高超工艺技术。

教师抛出问题，让学生猜测展柜珠宝作品的作者。是行业大师？企业能手？中职学生？

（2）谜底揭晓。学生观看视频《奋斗者——陈奇亮》，走进珠宝作品创作者陈奇亮的工匠世界，并思考：

①陈师兄有哪些行为帮助他取得成功？

②陈师兄所言"追求的东西"实质是什么？

（教师点拨：陈师兄"追求的东西"就是工匠精神。）

（3）内涵诵读。借助平"语"近人金句，全班学生大声朗读工匠精神的内涵——执着专注、精益求精、一丝不苟、追求卓越。

设计意图：通过珠宝精品鉴赏中带来的视觉冲击，优秀毕业生陈奇亮的匠人故事，发挥榜样的力量激发学生探究工匠精神的强烈兴趣，用习近平总书记的金句引领，帮助学生基本掌握工匠精神的内涵。

二、环节二：铸匠魂——剧场表演探意义

（1）剧场探究。学生认真观看学生代表表演的情景剧《懊悔的小李》（见附件），小组探究小李懊悔的原因和导致小李结局的原因。

（2）小组分享。小组讨论并形成统一意见后，整理成文发送至学习通平台的讨论区中。

（3）教师小结。通过学习通的词云功能，教师根据学生探究结果的高频词汇归纳追求工匠精神的重要意义——工匠精神是实现中国制造2035的精神内核，是战略需要，也能为个人发展提供保障。

设计意图：通过与学生专业相关的职场情景剧表演，学生在小组探究活动中理解工匠精神对学生职业成长的重要性，从而形成情感认同。

三、环节三：守匠情——开门会客明差距

（1）寻找差距。学生仔细观察、对比自己的实训作品与陈奇亮师兄的世赛作品，寻找两者的差距，并记录在本子上。

（2）开展琢玉会客厅活动。邀请陈奇亮的教练吕老师来到会客厅，通过访谈的形式介绍陈奇亮的技能成长经历。

（3）教师小结。世界技能大赛的银牌得主和现场的学生一样，曾经也是技术小白，但是陈师兄对极致的追求，对匠心、对匠情、匠行的坚持，是他取得成功的秘笈。

设计意图：通过作品的优劣对比，先让学生明白自身技术的不足，接着通过吕老师故事的分享，深入浅出的指点，帮助学生坚定向优秀看齐的信心，愿意主动培育工匠精神。

四、环节四：笃匠行——措施制订践精神

（1）开展"世界咖啡"。根据自身的不足和吕老师的建议，学生围绕工匠精神的内涵，采取世界咖啡的活动模式，分组制订改进和提升的具体措施。

（2）小组分享。各小组将讨论意见写在一张全开的白纸上，并派代表轮流上台展示讨论的成果。

设计意图：通过世界咖啡活动，让学生在思维碰撞中激发群体智慧，形成科学的行动措施，帮助学生将工匠精神落到实处。

【活动拓展】

开展"未来珠宝巧匠"技能比赛

牵手金工老师和设计老师，发布技能比赛方案，要求学生以党的二十大精神为主题，设计并制作一枚纪念徽章。

作品完成后，将设计理念和成品照片编辑成文，发送给宣传委员，宣传委员整理后，统一发布至班级公众号，并发动学生、家长、科任老师和企业代表进行评分，选出最佳作品，进行隆重表彰。

设计意图：结合思政热点，发挥学生专业特长，延伸活动效果，将活动主题内化于心，外化于行。

【小贴士】

（1）珠宝鉴赏和朋辈案例选择可以根据学生的专业做出适当调整。

（2）在分组时，注意各组学生的搭配组合，用活泼型带动慢热型，用技术扎实带动技术不足的学生，以便更加顺畅地推动各活动环节的进展。

附件：《懊悔的小李》情景剧

某珠宝公司茶水间

小李在刷淘宝，小慧进来打水。

小慧："李姐，你又出来喝水啦？"

小李："什么又？才第三次而已。"

小慧："对了，李姐，先恭喜你哦，马上荣升咱们未来的项目主管哦。"

小李："哎呀，也不一定是我啦。"

小慧："别谦虚啦，你可是我们这里资历最老的员工，肯定是你啦。到时记得请吃饭哦"。

小李："哈哈哈，一定一定"。

短信提示音，小李一看，惊讶地说："什么，项目主管提拔的竟然是小梁，那个进来还不到一年的菜鸟，怎么可能，我不服。"

小李气冲冲地来到经理办公室，质问："为什么项目主管不是我？我可是我们部门资历最深的员工。"

经理："你还好意思问这个？你想想你平时上班都做了些什么？偷懒、得过且过，你看看你上次做的工件，都被客户退回来了。"

小李:"那只是我的一时大意。那也不能代表我比小梁差呀。"

经理:"一时大意?我们珠宝行业最讲究的是什么?精益求精!相比之下,你再看看小梁的工件,作为一个前辈,你不觉得惭愧吗?"

小李:"我,我,我错了。经理,我以后一定改。"

(指导老师:佛山市顺德区勒流职业技术学校:周玲)

案例5：四史教育之党史教育

百年薪火　青春许国
——"永远跟党走　成为栋梁才"班级活动

佛山市顺德区勒流职业技术学校　周　玲

【活动背景】

中国共产党是为中国人民谋幸福、为中华民族谋复兴，为坚持和发展中国特色社会主义、为实现共产主义远大理想而不懈奋斗的马克思主义政党。

中职学生正处于拔节孕穗期，需要精心引导和栽培。调查显示，绝大部分同学都有爱党、爱国之心，但是在青年学生如何正确跟党走以及如何将爱国爱党落到实际行动上仍然有待提高。

为了激励本班同学感党恩、跟党走，特开展本次党史学习课。

【活动目标】

（1）认知目标：了解毛泽东、周恩来等青年在中国共产党的历史发展中的重要作用和卓越贡献，知道每个时代有每个时代的主题。

（2）情感目标：理解青年信仰对国家、社会的重要作用，坚定党的信仰，认同少年智则国智、少年富则国富、少年强则国强。

（3）行为目标：拥护党的领导，结合所学专业和个人实际，传承百年薪火，制订青春许国的计划，并在今后的工作生活中落实。

【活动方法】

情境再现法、案例教学法、合作探究法、角色扮演法等。

【活动准备】

（1）教师准备：通过钉钉平台发布微课和课前调查，根据调查结果进行教学设计；指导学生排练历史情境剧；邀请学长进课堂。

（2）学生准备：学习微课并完成课前调查；自行观看电影《觉醒时代》，分组排练情景剧。

【活动时长】

1课时。

【活动流程】

一、环节一：赏精彩影片

教师从电影《觉醒时代》中截取"红船会议"的精彩片断，播放给学生观看。引导学生思考：红船会议有什么重要历史意义？

设计意图：用中国共产党成立的标志性事件红船会议的视频导入，带领学生迅速了解主题。

二、环节二：忆党之青年

（1）情境再现。

教师讲述组织全体同学参演《恰同学少年》故事。（见附件1）

（2）引发思考。

提问：同学们如何看待毛泽东等同志的青春年华？

（3）教师小结。

100多年前，一群胸有大志的年青人，为中国共产党的成立做出了卓越的贡献；100年来，中国共产党带领中国人民革命、改革、建设、复兴，迎来了近代以来中华民族最璀璨夺目的好时代，也是实现中华民族伟大复兴的中国梦最关键的时代。

设计意图：通过学生身临其境地亲自演绎毛泽东等青年同志的青春故事，了解历史，知道在历史发展进程中，青年一代发挥着重要的作用。

三、环节三：议今之青年

（1）案例分享。

案例1：香港愤青暴力事件

香港青年黄之锋、罗冠聪等人因缺乏理想信念，借助外国力量向香港施压，阻挠中国政府对香港行使主权，并策划暴动，许多不明是非的青年受其蛊惑参与其中。

2019年6月12日至11月24日期间，港铁有超过90%、合计147个车站遭到破坏。93个重铁车站中有85个被破坏，占比约91%。68个轻铁车站中有62个被破坏，超过90%。出口闸机被破坏1 951次，售票机、增值机等设备被破坏1 146次，轻铁八达通收费器被破坏1 502次，闭路电视监控镜头被破坏1 278次，车站出入口玻璃幕墙被破坏1 158次……这些地铁设施遭破坏次数合计超过7 400次。香港经济因此创伤严重，今非昔比。

案例2：广东队夺冠之由

2021年5月1日广东队夺冠后，杜锋指导接受采访时，主持人问，是什么成就了广东队连续三届总冠军？杜锋指导说：能坚持，是因为作为一个党员的信念，队内成立了党小组，队员们陆续入党，是党员的力量支持团队走到今天。

案例3：了不起的00后

他们是不同战场上了不起的"00后"：

防疫战场，"00后"走出温室，用自己的行动加入战"疫"、抗击疫情。（援鄂护士刘家怡的故事）

防汛战场，更多"00后"挺身而出，守护群众生命。（大学生鲁亮亮回乡参与志愿者服务的故事）

奥运战场,"00 后"勇于拼搏,为国争光。(杨倩摘得东京奥运首金的故事)

(2)组织讨论。

根据以上的案例思考:青年一代的信仰和抉择对个人和国家的影响?

(3)教师小结。

没有正确理想信念的青年会做出不理智的行为,损害国家、伤害人民、波及自身。更多的"00 后"正以"一代更比一代强"的青春责任放飞青春梦想,已然成为新时代共和国的脊梁。只有拥有正确的理想信念,拥护党的领导,真正做到听党话、跟党走,才能真正成为为祖国发展贡献的中坚力量。

设计意图:通过分享近期发生的有时效性的案例,引发学生共情,产生情感认同。

四、环节四:许报国宏愿

(1)学长课堂。

邀请本专业的做出杰出业绩的学长走进课堂,讲述自己的成长故事,通过现身说法,发挥青春之榜样力量。

(2)制订计划。

组织同学在《青春许国计划书》上写下青春许国的计划和措施(表 2-2)。

表 2-2 青春许国的计划书

青春许国计划书
我心中的国家是这样的:
我心中的中国共产党是这样的:
为了祖国更加繁荣,我们的生活更加幸福,我希望成为这样的人:
为了成为这样的人,即将走上工作岗位的我打算这样做:

(3)学生分享。

每小组派学生代表分享青春许国计划,其他师生给予鼓励和指点。

(4)教师小结。

每一个中国人,踏踏实实做好自己的本分,在自己的岗位上为社会作出应有的贡献,就是在为国家添砖加瓦,就是在行爱国之宏愿。希望大家按照自己的计划,做一个有责任、有担当的青年,祝大家梦想成真!

设计意图:倾听学长的真实成长故事,发挥学长的朋辈作用,引导同学们思考走上社会和工作岗位的具体做法，践行青春使命。

五、环节五：总结升华

（1）教师寄语。

忆党史之青春往事，我们看到无数青年志士为国而战；观当今之青年作为，我们理解信仰的巨大力量。少年智则国智、少年富则国富、少年强则国强。新时代中国青年要继续发扬五四精神，以实现中华民族伟大复兴为己任，不辜负党的期望、人民期待、民族重托，不辜负我们这个伟大时代。

（2）齐诵诗歌。

全体学生齐诵诗歌《以青春之我　创青春之中国》（见附件2）

设计意图：全体同学在齐诵诗歌的同频共振中坚定青春许国的决心。

【活动拓展】

（1）评选你心中的最美青年，为他（她）写一段颁奖词；

（2）以小组为单位，为心中的最美青年拍摄一个短片，通过班级公众号分享；

（3）践行《青春许国计划》，5年同学聚会时观成效。

设计意图：课堂延伸，增强效果。

【小贴士】

党史教育的活动可以在建党节等重要时间节点开展，旨在引导学生感党恩、听党话、跟党走。在设计中，应避免效果甚微的"填鸭式"教学，采取能充分发挥学生的主体作用的教学方式，让学生在体验中学习。例如让学生在认真学习某一段历史的基础之上，通过情景剧的方式演绎出来，对于学生进一步了解党史，增强对剧中人物的理解有十分重要的意义。

附件1：《恰同学少年》剧本

老师串场：毛泽东是一名地地道道的农家子弟，从小在田间劳作，深切感受劳苦大众的苦。他酷爱读书，十几岁就提出天问：为什么读的那么多书中都没有耕田种地的乡下人，一切人物都是武士、官吏或学者。从未有过农民主角？当时是半殖民地半封建社会的旧中国，国家已经坏到了极处，人类已经苦到了极处，社会已经黑暗到了极处。当时爆发的长沙抢米风潮中，暴动的饥民遭到血腥镇压，鲜血染红了长沙的识字岭。后来他回忆说，这件事影响了他的一生。

这时，他读到了《盛世危言》这本书，书中第一句话就是"呜呼，中国其将亡矣"，凸显出时代的紧迫感，令人振聋发聩。毛泽东开始深入思考：面对这样的社会，这样的时代，我能做些什么，去改变与我一样的劳苦大众的命运呢？我能做些什么，使风雨飘摇的中国不再遭受屈辱呢？为了寻找救国救民道路，他走出了韶山村。

第一小组表演：青年毛泽东征友启事

同学A：二十八画生者，长沙布衣学子也。

同学B：但有能耐艰苦劳顿，不惜己身而为国家者，修远求索。

同学C：上下而欲觅同道者，皆吾之所求也。

同学D：故曰：愿嘤鸣以求友，敢步将伯之呼。

齐读：敬启者二十八画生。

老师串场：征友启事在当时是非常标新立异的行为，引起轩然大波。朋友们在一起三不谈：不谈金钱，不谈家庭琐事，不谈男女问题，只谈：救国救民。

这则征友启事发布后，毛主席交到了很多朋友，有蔡和森、何叔衡等。这群年轻人聚集在一起，是巧合，更是历史的必然。他们形成了一股积极向上的人生观，大家都觉得自己的学问要进步，品行要改造，于是经过充分酝酿、讨论的基础上，决定组织新民学会。

1918年4月14日，在蔡和森家里，13个学生发起的小小学会成立了。

第二小组表演：新民学会成立

蔡和森：新民学会今天成立了！

同学A：我们学会的宗旨是革新学术，砥砺品行，改良人心风俗。

同学B：凡是要入会的会员，必须做到五点：一不虚伪，二不懒惰，三不浪费，四不赌博，五不狎妓。会员入会需满足纯洁、诚恳、奋斗、服从真理四个条件。

同学C：会员必须具备潜在切实、不务虚荣、不出风头三大作风。

老师串场：1917年，俄国爆发十月革命。第一个社会主义国家诞生，为中国送来了马克思主义。从此，宣传马克思主义成为新文化运动的主流。1919年，一战结束，中国在巴黎和会上，被要求把青岛送给日本，北洋政府无能，明明是战胜国，却遭遇了战败国的待遇，因此，毛泽东在湘江评论上写了一篇文章。

第三小组表演：毛泽东《湘江评论》创刊词

同学A：世界上什么最大？吃饭问题最大。

同学B：什么力量最强？民众联合的力量最强。

同学C：什么不要怕？

齐读：天不要怕，鬼不要怕，死人不要怕。官僚不要怕，军阀不要怕，资本家不要怕。

老师串场：毛泽东的几个"不要怕"点燃了人们的热情，让人忍不住拍手叫好。远在北京的李大钊、陈独秀忍不住为毛泽东和《湘江评论》点赞："在武人的统治下，能产生这样一个好兄弟，真是让我们意外的欢喜。"

湘江评论引起巨大影响的同时，一大批青年走出国门，远赴法国求学。蔡和森学习了《共产党宣言》《国家与革命》等马列主义重要著作，并翻译成中文，坚定了用马克思主义的方法来拯救中国。1920年8月，他和毛泽东通话，表达了对马克思主义的信仰以及对俄国式激进道路的认同。在信中，蔡和森提议毛泽东尽快成立共产党组织，甚至连名字都起好了，就叫"中国共产党"。

1920年冬，应陈独秀创党之约，长沙党的早期组织在毛泽东的筹划下成立，一颗火种点燃了湖湘青年的革命热情。虽然毛泽东、蔡和森和新民学会的部分会员都热烈地拥抱马克思主义和共产党，但是新民学会会员之间还是存在比较大的分歧。

第四组表演：激烈的讨论

同学A：我认为学会共同目的应为改造世界。

同学B：我认为学会共同目的应为改造中国与世界。

同学C：新民学会不宜采取改造的态度，宜采取研究的态度。

同学D：少数服从多数，主张用改造中国与世界为学会共同目的的请起立。

除2人外，其余人起立。

同学E：世界上解决社会问题的方法大概有以下几种：1 社会政策；2 社会民主主义；3 激烈方法的共产主义也就是列宁主义；4 温和方法的共产主义也就是罗素主义；5 无政府主义。我主张激烈方法的共产主义也就是列宁主义！

激烈讨论中。

同学D：安静安静，现在开始表决。

同学F：我赞成布尔什维克主义！

同学们纷纷表态：我同意！我也同意！我赞成！

老师串场：通过几天激烈的讨论，他们决定以改造中国和世界作为新民学会的共同目的。以激烈方法的共产主义为达到目的的方法。

在湖南共产党早期组织成立前后，在陈独秀、李大钊的领导和筹划下，全国各地共产党早期组织相继建立。1921年6月29日，毛泽东、何叔衡作为长沙共产党早期组织的代表前往上海，参加1921年7月23日至31日在上海法租界和浙江嘉兴南湖召开的中国共产党第一次全国代表大会，中国共产党正式成立，中国历史也从此翻开了崭新的一页。

附件2：现代诗《以青春之我　创青春之中国》

当时代在召唤

青年兴则国家兴

青年强则国家强

青年有理想国家有希望

青年有担当国家有力量

当时代召唤我们

我们当不负时代

沐浴着新时代的曙光

肩负着新时代的使命

让我们牢记嘱托　坚定信念

志存高远　脚踏实地

勤于学习　勇于实践

练就本领　劈波斩浪

以青春之我　创青春之中国

以青春之我　创青春之中国

以青春之我　创青春之中国

案例6：学习党的二十大报告

学习二十大　永远跟党走　奋进新征程
——学习贯彻落实党的二十大精神班级活动

佛山市顺德区勒流职业技术学校：曹妙琪

【活动背景】

2023年是全面贯彻党的二十大精神的开局之年，党的二十大是在我国迈上全面建设社会主义现代化国家新征程、向第二个百年奋斗目标进军的关键时刻召开的一次十分重要的大会，举国关注、世界瞩目。要了解和读懂今天的中国共产党，就要了解和读懂中国共产党的二十大。

本班学生是会计事务专业二年级学生，正处于拔节孕穗的关键时期，需要精心引导和栽培。学生对于二十大报告的了解停留在碎片化学习，并没有深入地研究，更缺乏将二十大精神与自己的学习生活实践相结合的意识。因此，在班级开展学习二十大的主题活动，鼓励学生坚定不移跟党走、勇敢奋进新征程必要且迫切。

【活动目标】

（1）认知目标：了解中国十八大以来取得的主要成就，理解二十大提出的目标，掌握奋进新征程的方法。

（2）情感目标：认同中国共产党的正确领导，增强坚定不移跟党走的意识。

（3）行为目标：依据会计专业特点及中职生实际，鼓励学生向前辈榜样学习，为实现中国式现代化做出个人的贡献。

【活动方法】

案例教学法、合作探究法

【活动准备】

（1）学生准备：早读诵读二十大报告；学习新时代十年伟大变革的相关数据；分组搜索中国式现代化五大特征的配图。

（2）教师准备：准备活动道具；指导厚德之星、技能之星准备发言。

【活动时长】

1课时。

【活动流程】

以二十大报告的框架为主线，进行班级活动的内容设计；依据中职生知情意行相统一的品德形成规律，进行班级活动的方法设计；以"三段三步"模式带领学生学习并践行党的二十大精神，如图2-3所示。

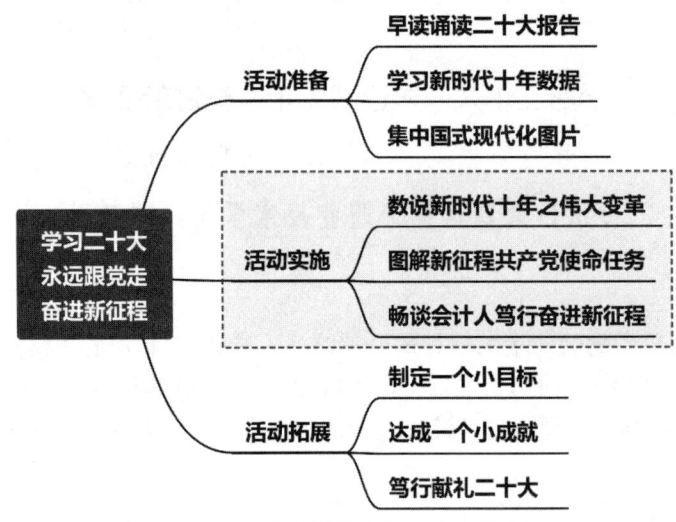

图2-3 二十大报告班级活动内容设计

一、环节一：数说新时代十年之伟大变革

（1）游戏：数字对对碰。

以小组为单位，每组派出2名同学，参与"数字对对碰"游戏。

游戏规则：乒乓球上印出二十大报告第一部分"过去五年的工作和新时代十年的伟大变革"中出现的数字，一名学生依次抽取3个乒乓球，另一名学生回答这个数据代表的含义。答对一个加5分。

（2）小结：新时代十年变革。

新时代十年的伟大变革，在党史、新中国史、改革开放史、社会主义发展史、中华民族发展史上具有里程碑意义。改革开放和社会主义现代化建设深入推进，书写了经济快速发展和社会长期稳定两大奇迹新篇章，我国发展具备了更为坚实的物质基础、更为完善的制度保证，实现中华民族伟大复兴进入了不可逆转的历史进程。

设计意图：充分运用会计专业学生对数据的敏感度，通过数字了解到国家十年来取得的瞩目成绩，引导学生认同中国共产党的正确领导，增强坚定不移跟党走的意识。

二、环节二：图解新征程共产党使命任务

（1）游戏：图文连连看。

以小组为单位，通过抢答方式参与连连看游戏。

游戏规则：活动前学习二十大报告，各小组成员对"中国式现代化"的五个特征的理解，在网上搜索一张具有代表意义的高清图（图2-4）。游戏时，教师随机展示图案，小组抢答该图属于五大特征中的哪一条，并派代表说出这一特征的具体含义。

（2）小结：新征程使命任务。

中国共产党的中心任务就是团结带领全国各族人民全面建成社会主义现代化强国、实现第二个百年奋斗目标，以中国式现代化全面推进中华民族伟大复兴。中国式现代化，是中国

图 2-4 "中国式现代化"的五个特征

共产党领导的社会主义现代化,既有各国现代化的共同特征,更有基于自己国情的中国特色。

设计意图:运用建构主义学习理论设计该环节,引导学生通过意义建构的方式理解中国式现代化的特征。

三、环节三:畅谈会计人笃行奋进征程

(1) 现身说法朋辈引领。

邀请本班被评为学校"厚德之星"及"技能之星"的两位同学现身说法。

厚德之星围绕"推进文化自信自强,铸就社会主义文化新辉煌"这一战略部署,谈谈自己如何做到明大德、守公德、严私德,提高个人道德水准和文明素养。

技能之星结合"实施科教兴国战略,强化现代化建设人才支撑"这一战略部署,谈谈自己如何学好会计专业知识,立志成为国家需要的高技能人才。

(2) 各抒己见畅谈奋斗。

各小组成员在厚德之星和技能之星的启发下,各抒己见,谈谈自己在新征程中的奋斗计划及决心。

(3) 小结:青年强,则国家强。

当代中国青年生逢其时,施展才干的舞台无比广阔,实现梦想的前景无比光明。广大青年要坚定不移听党话、跟党走,怀抱梦想又脚踏实地,敢想敢为又善作善成,立志做有理想、敢担当、能吃苦、肯奋斗的新时代好青年,让青春在全面建设社会主义现代化国家的火热实践中绽放绚丽之花。

设计意图:充分发挥朋辈效应,向优秀同伴学习,立志在二十大新征程中做出自己力所能及的贡献。

【活动拓展】

每位同学结合二十大报告的学习，制订一个小目标，达成一个小成就，以实际行动献礼二十大。用班级《持续成长手册》做好记录。

【小贴士】

（1）党的二十大报告分3个板块，15个部分，3万余字的篇幅中含有300多个新提法。在学习党的二十大报告时，班主任应尽量选择贴近专业实际、贴近学生生活的部分进行学习，才能真正做到入脑入耳入心入行。本次班级活动是按照二十大报告的脉落进行的整体的学习。

（2）为保证学习效果，可利用早读、找图等方式提前学习，课中采用轻松愉快地方式设计对对碰、连连看等游戏进行深入浅出的教育，课后拓展通过"制订一个小目标，达成一个小成就"献礼二十大，进一步提升活动效果。

（指导老师：佛山市顺德区勒流职业技术学校：周玲）

案例7：爱家乡教育

爱国爱家桑梓情　追梦寻根宁波帮
——爱家乡教育班级活动设计

宁波经贸学校：金奕成

【活动背景】

习近平总书记在2023年新年贺词中勉励广大青年要厚植家国情怀、涵养进取品格，以奋斗姿态激扬青春，不负时代，不负华年。

宁波作为对外开放的桥头堡，涌现了一大批商界人士，他们被称为"宁波帮"。宁波商帮作为近现代中国商帮的典范，他们的事迹蕴含着丰富的精神内涵。受传统文化和特有的海洋文化等综合影响，宁波帮人士"树高不忘根"的思想根深蒂固。

作为商贸专业的学生，应该以宁波帮为榜样，学习他们"爱国爱家乡"为核心的宁波商帮精神，厚植家国情怀。此次班级活动策划聚焦宁波帮爱国爱乡，回报社会的典型事迹，引导学生传承商贸人的爱国主义精神。

【活动目标】

（1）认知目标：了解宁波商帮人物的典型事迹，解读宁波帮典型人物的精神内涵。

（2）情感目标：认同宁波帮的精神内涵，激发爱国爱乡的热情，体会宁波帮人士的拳拳赤子之心。

（3）行为目标：开展宁波帮爱国爱乡事迹宣传等公益活动，将宁波帮爱国爱乡的精神融入日常学习和生活中并落到实处。

【活动方法】

榜样示范法、情感陶冶法。

【活动准备】

（1）教师准备：

1）完成活动动员，开展活动安全教育，落实学生活动安全责任。

2）以"爱国爱家乡"精神为核心，指导学生确定典型人物，并协助学生筛选典型人物事迹。

（2）学生准备：

1）根据个人兴趣、特长分为四个活动小组，了解商帮人物并确定小组重点关注人物。

2）根据所确定的重点人物，研读商帮典型人物事迹并进行摘录，了解人物主要生平事迹。

（3）其他准备：

1）准备《宁波帮百年风云录》《信义行天下：宁波帮精神简明读本》等书籍。

2）准备卡纸、剪刀、画笔、胶水和策展板等材料。

3）联系宁波帮博物馆，落实参观、讲解事宜。

【活动时长】

活动时间：4学时（含博物馆参观）

【活动流程】

一、环节一：行走的红色课堂——感知家国情怀

活动地点：宁波帮博物馆

预计时间：1学时

师生一同前往宁波帮博物馆进行参观。

小组根据所确定的典型人物与事迹，围绕邓小平同志所提出的"把全世界的'宁波帮'都动员起来建设宁波"，重点参观博物馆内"赤子情怀"和"荣誉馆·事件篇"两个展馆。

小组成员根据前期研读的人物事迹，收集与事迹相关的素材与展品；向博物馆志愿者了解相关展品背后的故事，完成记录，进一步充实典型人物事迹的素材。

教师与博物馆志愿者一起，协助学生完成相关素材与展品的筛选工作，为学生提供详实的人物历史背景材料。

设计意图：通过前往宁波帮博物馆参观，并实地收集和整理商帮人物素材，陶冶情感，让学生在红色教育情境的浸润中，感受宁波帮的赤子丹心、家国情怀。同时为后期活动的开展做准备。

二、环节二：沉浸的体验活动——体悟商帮精神

活动地点：宁波帮博物馆

预计时间：45分钟

（1）实景体验商帮风云。

根据早年宁波商帮在沪甬航道上的"航权争夺战"，在宁波帮博物馆航运业展区开展剧本杀游戏体验活动。各小组分别饰演：美商旗昌轮船公司、英商太古公司、法商东方公司和华行宁绍商轮公司开展沪甬航路定价权的争夺活动。

小组明确自身是华行还是洋行的身份，阅读身份剧本，选择对应的剧本任务，根据当时时代背景，开展实景商战体验活动。在时而激烈商战、时而合谋抬价的商战中，分组开展"爱国爱乡，挽回航权"行动，实景体验宁波商帮在经济领域与国外资本的抗衡与角斗，感受宁波帮人士的敦重乡谊、爱国爱乡等人文精神。

（2）实地讲述商帮故事。

小组整理在宁波帮博物馆参观中所收集到的素材，确定适当的展示形式与元素，并进行相关的准备或彩排。

在宁波帮博物馆，小组根据所选定的商帮典型人物，结合博物馆内的相关素材与展品，

向其他小组分享其背后的故事,提炼故事背后的精神内涵(表2-3)。

表2-3 宁波博物馆商帮典型人物

组别	典型人物	主题内容	呈现形式
组一	包玉刚	捐建宁波大学	图片故事分享
组二	曹光彪	投资建设永新光学	产品实物讲述
组三	李惠利	捐资创建宁波市医疗中心李惠利医院	视频专访分享
组四	卢绪章	指导宁波改革开放,大力推动宁波港建设	小品情景演绎

设计意图:学生通过沉浸式剧本杀活动体验宁波帮在经济领域捍卫国家主权爱国举动的艰难,分享演绎商帮人物为家乡建设所做的贡献,深切体悟宁波商帮"爱国爱乡"的赤子之心。

三、环节三:共话爱国举措——践行深深家国情

活动地点:博物馆会议室

预计时间:30分钟

结合宁波帮在经济领域与洋行的斗争经历,对照本小组所分享的宁波商帮典型人物事迹,思考宁波商帮背后所呈现的精神内涵;在教师的引导下各组深入探讨:作为未来的商帮人,我们还能为自己的家乡与祖国做些什么,并派代表进行分享,形成此次活动项目目标看板。

小组根据项目目标看板,在教师的引导下,拆解目标,进而明确在校期间的阶段目标以及具体的行动与措施。

设计意图:根据前期活动的体悟,结合自身的专业思考并提炼为家乡、祖国能够做出的贡献,通过目标拆解形成专业特色的具体行动目标与措施,真正将教育活动落到实处。

【活动拓展】

(1)开展宁波商帮爱国主义精神宣讲。

活动结束后,鼓励学生以此次活动为基础,将所搜集的素材进行整理与归纳,提炼商帮精神内涵,开展"宁波帮 桑梓情"系列主题宣讲活动,并利用假期,走进宁波帮博物馆、中小学、社区等地进行宁波商帮主题策展与宣讲。

(2)助力宁波创建文明典范城市。

从身边小事做起,为家乡建设做贡献,开展"每月益起来"全民随手志愿活动,协助社区进行垃圾分类公益宣传,烟头不落地等社会服务活动,营造舒适的社区环境,助力宁波创建文明典范城市。

设计意图:通过开展宁波商帮爱国主义精神宣讲,弘扬了宁波商帮的赤子之心,号召更多的宁波学子向宁波商帮学习,爱国爱乡,回报社会,同时让学生在宣讲的过程中更好的内化宁波商帮的桑梓情,从小事做起,身体力行,建设家乡。

【小贴士】

由于涉及外出博物馆参观，对于学生的安全教育需要放在首位，教师在活动开展前，应结合宁波帮博物馆的实际情况开展专题安全教育。

宁波商帮精神内涵丰富，人物事迹众多，在活动过程中，教师应该始终引导学生聚焦他们爱国尤其是爱家乡的事迹进行挖掘与解读。

（指导老师：佛山市顺德区勒流职业技术学校：郭俊）

案例8：科学精神教育

恪守科学精神　放飞创新梦想
——弘扬科学精神主题活动

佛山市顺德区勒流职业技术学校　郭　俊

【活动背景】

习近平总书记强调："科学成就离不开精神支撑。"2022年1月1日起施行的《中华人民共和国科学技术进步法》明确规定："学校及其他教育机构应当坚持理论联系实际，注重培养受教育者的独立思考能力、实践能力、创新能力和批判性思维，以及追求真理、崇尚创新、实事求是的科学精神。"

本班是会计电算化专业二年级学生，正处于成长的关键时期，思想开放，但科学的认知能力有待提高，对一些科学常识了解不多，常被网络上的小视频误导。

【活动目标】

（1）认知目标：了解科学精神的内涵，理解提高科学精神的方法。
（2）情感目标：激发学生的科学斗志，增强学生学习科学的意识。
（3）行为目标：能在今后的学习生活中，有意识的传承科学精神。

【活动方法】

参观体验法、情感陶冶法。

【活动准备】

（1）与当地科学馆取得联系，沟通协商活动流程。
（2）预约科学馆科普剧《钱学森》表演观看时间。
（3）安排车辆，给学生购买出行意外险，提交外出申请。
（4）学生进行活动分组，每组7人，确定好组长，带好笔记本。

【活动时长】

4学时。

【活动流程】

一、环节一：了解科学常识

学生到达科学馆后，分组参观约1小时，场馆1~3楼公开陈列的科学常识可供学生自由参观体验，讲解员有针对性的进行讲解。

同学们在参观过程中每人了解3个科学小常识，以图文并茂形式进行记录。教师了解各组的参观进度，拍摄学生参观体验的图片和视频。

设计意图：通过沉浸式体验，帮助学生更好地掌握科学常识，对生活中的常见问题给出通俗易懂的解答。带着任务进行参观，提高学生的注意力，为后续活动提供素材。

二、环节二：体会科学精神

（1）科普剧场：全体同学列队进入科学剧场，观看由科技辅导员们带来的《钱学森》科普剧表演。科普剧生动演绎了我国著名科学家、空气动力学家、两弹一星功勋奖章获得者钱学森历尽艰辛回归祖国、建设祖国的故事。

（2）教师小结：从钱学森的身上，我们感受到科学精神作为人类文明的崇高精神，它表达的是一种敢于坚持科学思想的勇气和不断探求真理的意识，它具有求实精神、实证精神、探索精神、理性精神、创新精神、怀疑精神、独立精神和原理精神的丰富内涵。

同学们在生活中常常会被短视频博主的"伪科学"短片给误导，今后咱们就要多用科学精神来引导我们的思考，不要随意相信、传播、转发这类视频。

设计意图：通过辅导员们的生动演绎，使学生体会到我国老一辈的科学家身上所具备的科学精神。班主任及时进行总结，剖析科学精神内涵，引导同学们学会在日常生活中用科学精神看待问题。

三、环节三：感受科学力量

（1）活动体验：同学们到体验活动室参与科学体验课。辅导员首先邀请大家每人折一架纸飞机，学生小组进行纸飞机比赛，选出每组飞得最远的一名同学。7名代表与辅导员比赛，但被辅导员远远甩在身后。

辅导员介绍纸飞机升空的科学原理，通过PPT演示讲解如何提高纸飞机的飞行距离。同学们根据学到的原理修改纸飞机。

组内再进行第二轮比赛，选出每组第一名与辅导员比赛。全体同学观察两次比赛的差距。

（2）学生小结：简单的纸飞机只需要利用空气动力学原理，在机翼、机头等地方做一些简单的调整，就能飞得更高更远。这就是科学的力量！

设计意图：科学实验选择了人人都可参与的纸飞机作为切入点，看似简单的纸飞机一旦融入了科学的设计就能飞得又高又远，让同学们切实感受到科学的力量。

四、环节四：放飞科学梦想

（1）高校连线：通过网络连线对口高职院校学生处的张老师，请她分享会计专业与科技的融合。张老师从财务机器人技术、大数据与财务、金税四期等前沿财务科技深入浅出地进行了讲解。

（2）教师总结：同学们，在很多人的认知里，会计专业只需要一支笔一个账本就能工作，是与高科技八竿子都打不着的，但通过咱们与张老师的连线，大家看到了科技创新对会计专业产生了巨大的冲击，会计从业人员的结构也发生了巨大的改变，这样的改变势必影响到同学们的就业选择。掌握扎实专业功底、提高财务软件应用能力、提升大数据处理能力和分析管理能力是我们每一个同学都应该努力的方向。保持终身学习的态度，不断探索未知领域，以科学精神为指引，才能让我们不断前进，昂首向未来。

（3）放飞梦想：同学们通过老师的讲解，规划自己未来的发展，并把梦想写在纸飞机上，一同放飞。

设计意图：与高校老师的连线让同学们看到科技创新对会计专业的影响，明确了自己未来发展的方向。班主任及时总结，引导学生将科学精神运用到学习和工作中。通过有仪式感的"放飞纸飞机"活动，具象化的放飞学生心中的梦想。

【活动拓展】

（1）根据本次活动学到的知识进行汇总，向家人、同学进行宣传。
（2）拍摄科学小视频通过学校视频号推送。
设计意图：让更多人更加真切的感知科学精神的重要性，增加辐射作用。

【小贴士】

（1）科学馆的活动涉及较多的科学原理，尤其是纸飞机的飞行原理，需要由专业人士来进行讲解更为合理，要提前与场馆负责人进行沟通协调。
（2）本活动设计之前，教师应提前针对本专业与前沿科技的关系，广泛搜索资料，并根据班级特点在环节四设计不同的活动。例如：升学班级可以连线高校老师、就业班级可以邀请企业导师、邀请优秀毕业生宣讲等，还可结合本地支柱产业，邀请行业代表来参与。

如教师无法邀请到相关人员参与，也可在此环节通过视频展示、教师讲解等方式，让学生感受科技进步对本专业造成的影响。

第三节　班级管理类班级活动

班级是学生成长的重要场所，建设一个班风正、学风浓、有凝聚力的班集体，增强学生对班集体的归属感及认同感，对于发挥环境育人功能、培养德智体美劳全面发展的学生有非常重要的意义。

班主任应当以树立优良班风学风为重点开展班级管理类班级活动。例如，为了做好班级民主管理，可以开展班干部选举及班干部培养的班级活动；为了增强班级凝聚力，可以开展班内及班际的趣味运动会等活动；为了增强学生归属感，可以开展开学礼、集体生日会、毕业礼等具有仪式感的活动；为了加强学风建设，可以开展学科知识竞赛或技能比赛等活动；为了解决班级突发问题，可以在问题发生后召开即时性班级活动。

案例1：班干部选举

创设情境展风采　任务引导选贤能
——班干部选举班级活动

佛山市顺德区勒流职业技术学校　汪　洁

【活动背景】

中职生初进中职校园，对于未来的三年，内心充满期待。班主任在这个阶段需尽快聚拢人心，形成较强的凝聚力，在最短时间内稳定班级形成班集体。要达成这个目标，需选拔出一批群众基础好、综合素质优的同学组建班干部团队，帮助班主任开展班级常规工作，逐步提高班级凝聚力，打造优良的班风和学风，把班级建设为团结友爱、积极向上的优秀班集体。

在班级组建初期，老师与学生、学生与学生之间尚不熟悉，因此采用个人演讲与无领导小组讨论的综合考察形式，通过情景设置，考察竞聘学生的口头表达、肢体语言以及应对问题、处理紧急情况、协作互助等状况，帮助师生全方位了解竞聘学生的综合能力，从而判断竞聘学生是否符合相关岗位的需要。

【活动目标】

（1）认知目标：掌握发言技巧，了解无领导小组讨论的应用方法。
（2）情感目标：增强学生自信，强化责任与担当观念，树立班级主人翁意识。
（3）行为目标：主动参与班级管理，提高团队协作能力，形成争优创先的良好态势。

【活动方法】

自我教育法，实践锻炼法。

【活动准备】

一、教师准备

（1）召开班干部岗位设置专题班会课，通过头脑风暴，收集学生对设置班干部岗位的意见和建议，明确班干部组织架构、岗位职责及能力要求。
（2）发布班干部招聘启事，发动学生推荐与自荐。
（3）通过线上问卷调查或纸质推荐/自荐书的形式，收集学生推荐/自荐信息。
（4）指导学生制作与派发教师邀请函。
（5）设计在线评分表。

二、学生准备

（1）发表对班干部岗位设置的意见和建议，完成线上问卷调查。

(2) 报名参与竞岗者准备发言提纲，撰写发言稿。
(3) 制作邀请函，邀请科部长、科任老师等参加活动。
(4) 熟悉在线评分操作。
(5) 布置课室：中间摆放 4 张桌椅，其余桌椅环绕摆放。

【活动时长】

2 课时。

【活动流程】

一、环节一：视频回顾引主题

(1) 观看视频。回顾班干部岗位设置专题班会课上的讨论花絮及讨论结果，明确班干部组织架构及本次选拔的核心岗位：班长 1 名、副班长 1 名、团支书 1 名（建议 3 名左右）。

(2) 公布候选人。根据班主任前期观察，征询科任老师及部分学生意见，按1∶2 或1∶3 的比例确定候选人，明确本次活动任务。

设计意图：创设情境，交代活动背景，明晰活动目标，引出活动主题，并顺利过渡到竞岗演讲环节。

二、环节二：竞岗演讲显风采

候选人依次上台进行竞岗演讲。时长 3~5 分钟为宜，演讲内容建议但不限于：个人情况介绍、优劣势分析、特长爱好、工作目标、工作规划等。

班主任、嘉宾老师及其他学生观察演讲者的表现，分别从演讲内容、语言表达、形体语言、综合印象四方面对竞岗者进行在线评价（表 2-4）。

表 2-4　学生竞岗演讲评分表

评价项目	评价要点	评分	点评及建议
演讲内容 （30 分）	内容详尽、具体、客观，充分呈现个人基本情况及优势、劣势		
语言表达 （20 分）	语言规范，吐字清晰，声音洪亮圆润（10 分） 表达准确、流畅、自然（10 分） 逻辑清晰（10 分）		
形体语言 （20 分）	举止自然得体，精神饱满，能较好地运用姿态、动作、手势、表情		
综合印象 （30 分）	整体印象		
总分			

设计意图：为学生创设开放公平、展现自我的平台，帮助师生快速了解竞选者的基本情况。

三、环节三：小组讨论展才能

将所有竞选者组成临时工作小组，通过以下四个阶段开展无领导小组讨论。

第一阶段：自行排位。不指定特别的角色和座位，由学生自行排位、自行组织。

第二阶段：了解任务。公布任务（任务需与岗位相关，例如：如何帮助性格孤僻的同学融入班集体等），学生独立思考，列出发言提纲，一般为3～5分钟。

第三阶段：发表观点。竞选者轮流发言阐述自己的观点，一般为2～3分钟。

第四阶段：交叉辩论。竞选者自由发言，继续阐明自己的观点，或对别人的观点提出不同的意见，并最终得出小组的一致意见。

无领导小组讨论过程中，班主任、嘉宾老师及其他学生安静围坐于小组四周仔细观察与倾听，考察竞岗学生的团队合作能力、组织协调能力、倾听能力、应变能力、矛盾处理能力、非言语沟通能力（如面部表情、身体姿势、语调、语速和手势等）等各个方面的能力和素质，同时考察学生的自信程度、进取心、情绪稳定性、反应灵活性等个性特点，并在相应的评分表（表2-5）上进行评分，表达评价意见。

表2-5 无领导小组讨论评分表

组别 (师/生)		评委姓名			时间			
面试要素	思维分析能力	语言表达能力	参与及对他人态度	合作协调能力	领导与责任感	集思广益总结能力	操控影响能力	合计
权重	20	20	10	15	15	10	10	100
观察要点	分析正确，思维敏捷，有深度和广度，见解独特，对问题的分析系统全面	表达准确、恰当、简洁、流畅，条理性、逻辑性强，善用非语言表达	态度主动，积极发表不同意见又能妥协支持或肯定别人意见	有合作意识，善于沟通协调或活跃气氛，缓解紧张关系	有大局意识，能抓住关键，对讨论导向，善于将小组意见引向一致	善于收集、整理众志、众意，集思广益，概括总结，准确总结	善于支配控制他人，对群体其他成员有影响力	
评分标准	优	16～20	16～20	9～10	13～15	13～15	9～10	9～10
	良	11～15	11～15	6～8	9～12	9～12	6～8	6～8
	中	6～10	6～10	3～5	5～8	5～8	3～5	3～5
1号								
2号								
3号								
……								

设计意图：采用情景模拟的方式对学生个人能力进行集体测试，帮助师生对竞岗学生进行综合评价。

四、环节四：综合评价选人才

班主任、嘉宾老师、其他学生根据学生竞岗演讲及无领导小组讨论中的综合表现，点击在线评分链接（表2-6）对竞岗者进行综合评价（评分+评价与建议）。

表 2-6　综合评价表

竞岗者	综合评分	是否推荐
竞岗者 1		
竞岗者 2		
竞岗者 3		
……		

班主任统计分数后，公布竞选结果。

设计意图：发挥民主作用，强化班级民主管理、科学管理理念。

五、环节五：聘任仪式明使命

举行简单而隆重的聘任仪式，邀请嘉宾老师与班主任一起为成功当选的学生颁发聘书。当选的班干部发表任职感言，一般为 5 分钟左右。

设计意图：营造仪式感，增强学生的使命感与责任感。

【活动拓展】

（1）组建完整团队。

与核心班干部共同确定班干部组织架构，按照其分管的岗位进行分工，指导核心班干部在日常学习生活中通过多方面观察、了解、调查，推荐相关岗位的意向人选，再组织班级学生通过投票的方式确定其余班干部人选。

（2）建立会议制度。

召集新成立的班干部团队开会，共同讨论制订《班干部工作会议制度》，明确班干部例会召开的时间、地点、议程等。

（3）制订工作计划。

指导班干部团队主动向高年级相关岗位的同学了解岗位职责与工作内容，结合线上咨询查询等方式，明确岗位职责，制订岗位工作计划。引导学生在制订计划时需明确以下要素：切实可行的目标、完成的具体时间、采取的主要措施、人员分工等。在实施过程中，指导学生根据实际情况不断修正、更新计划。

设计意图：通过定期（如每周）召开工作会议，复盘上一阶段工作落实情况及成效，帮助学生总结与反思，共同讨论解决工作中遇到的困难，帮助工作不断改进，提升班干部团队凝聚力。鼓励学生主动联系高年级的同学开展岗位调查，培养学生的人际交往与沟通能力。制订工作计划，帮助学生尽快理清工作思路，明确工作的职责和努力的方向。

【小贴士】

（1）对于组建初期的班级，班主任还没有足够的时间与精力通过深入观察与细致了解发现班干部的最合适人选，此时可采用循序渐进的形式选拔班干部，第一步应确定核心岗位：如班长、副班长、学习委员等岗位，第二步可指导核心岗位成员共同选拔其他班干部。作为班干部队伍的领头羊，核心岗位是统筹协调班委，协助班主任管理班级日常事务的骨干力量，因此，需要由综合素质高、统筹管理能力强、善于协调、富有全局观念、成绩较好的学生担任。

（2）学生竞岗演讲前，班主任和科任老师可帮助学生修改发言稿，提前预演一下，良好的发言体验可帮助学生增强自信。

（3）无领导小组活动的目标任务可根据该岗位可能遇到的困难进行选择。

（4）在线评价可考虑为老师与学生设置不同的评分链接，按7∶3的比例计入总分。

（5）明确班干部组织架构后，可视班级情况与实际需求，根据岗位数量及类别进行分层、多次的班干部选拔活动。

（指导老师：佛山市顺德区郑敬诒职业技术学校：李慧文）

案例2：增强凝聚力

班级凝聚一心，团队绽放精彩
——提升班级凝聚力班级活动

陆河县职业技术学校　林敏莉

【活动背景】

班级凝聚力是组建良好班集体的向心力，凝聚力可以让班级团结协作，推动良好的班风和学风建设，也是调动学生学习、工作、活动积极性的需要。

本班学生是中职一年级学生，个性张扬，他们不善于沟通，不积极参与班级活动，合作与竞争意识不强。班主任应该创设条件帮助学生体会团队合作的重要性，提高学生的班级获得感、责任感、幸福感，从而有效推进班级良性发展，建设积极向上，凝聚力强的班集体。

【活动目标】

（1）认知目标：知道班级是一个团队，每个人都是团队不可或缺的一员。
（2）情感目标：感悟齐心协力、相互信任对于一个团队的重要意义。
（3）行为目标：通过参与体验式团队活动，增强学生沟通交流能力、团结协作能力，提升班级荣誉感和凝聚力。

【活动方法】

合作学习法；游戏法；实践锻炼法。

【活动准备】

一、教师准备

（1）搜集活动引入视频素材，制作活动课件。
（2）准备活动材料。水杯50个，量杯4个，矿泉水4瓶，绑脚绳若干，防护垫子4张，奖品（奖励优胜团队），计时器等。
（3）选出4名学生担任裁判，并进行过规则培训。
（4）提前做好安全预案，准备药品等。

二、学生准备

（1）全班分成4个小组，推选队长，商议队名，队长带领成员制作队牌。
（2）队长带领队员布置场地，将队牌放在相应位置，方便学生有序就坐。

【活动时长】

2课时。

【活动流程】

一、环节一：**趣味短片，初探团队力量**

（1）播放动画短片《小生物，大力量》：一群小企鹅紧紧相靠逃过了鲨鱼的捕杀；一群小蚂蚁筑成一个圆球逃过了野猪的捕捉；一群小螃蟹团结合作逃过了老鹰的攻击。

（2）小组讨论：这个动画短片对你有什么启发？我们班集体最重要的是什么？

（3）教师点拨：小动物团结起来凝聚成无限大的力量。每个人都是集体的一员，不能只考虑个人的利益，只有团结合作，齐心协力为共同的目标努力奋斗，才能激发出强大的团队力量。

设计意图：通过动画短片导入主题，让学生认识到班集体团队的力量，激发学生的兴趣，同时让学生明白团队协作的重要性。

二、环节二：**造型设计，展示团队风采**

（1）小组口号与造型设计。各小组长带领组员民主商议、设计团队的口号与造型。

（2）小组展示。各小组轮流上场，成员合作展示团队造型，并喊出团队口号。

设计意图：本环节通过组员合作摆出团队造型和齐喊口号，初步形成团队意识，为下一环节的团队游戏打好基础。

三、环节三：**游戏体验，感悟团队合作**

（1）游戏一：衔纸杯传水。

游戏规则：参与者肩并肩站立，用嘴叼着纸杯，纸杯装水，第一位组员依次将水杯的水传至下一位组员，最后一位组员将杯中的水倒至量杯中，3分钟结束时，量杯中水量最多的小组获胜。

裁判计算积分：第一名积10分，第二名积8分，第三名积6分，第四名积4分。

（2）游戏二：十人九足。

游戏规则：每组十人排成一横排，相邻的人用绳子把腿绑在一起，一起跑向终点（注：如果中途意外摔倒就在原地重新起跑即可；在终点铺好软垫子；随时关注学生安全），用时最短的那组胜出。

裁判计算积分：第一名积10分，第二名积8分，第三名积6分，第四名积4分。

（3）游戏三：信任圈。

游戏规则：每两组一起比赛，各小组组员围成圈坐在凳子上，第一个同学躺在第二个同学大腿上，如图2-5依次类推，准备就绪后安排轮空的小组学生同时把凳子抽掉，坚持最久的小组获胜。（注：如果两组坚持时间相同，计算同等积分）

裁判计算积分：第一名积10分，第二名积8分，第三名积6分，第四名积4分。

图2-5 "信任圈"游戏

（4）小组讨论：

1）游戏一中，为什么有些组又快又可以保持杯中的水量呢？
2）游戏二中，如果有一个同学没跟上脚步节奏将会有什么结果？
3）玩游戏三前，你是否会感到害怕？游戏后，你又有什么感受呢？
5. 小组代表分享，教师根据小组的观点分享做出评价，并奖励1~3分的积分。
（6）教师总结。"衔纸杯传水"让我们在体验中懂得一个团队需要互相配合，懂得沟通交流，寻求解决问题的方法；"十人九足"项目体现的是团队队员之间的配合和信任，锻炼大家的团队合作能力和协调能力；"信任圈"最重要是团队成员相互信任、诚信、真诚以待，这样才能使班级团队效益发挥最大化。

团结协作、沟通交流、互相信赖是提升班级凝聚力的有效方法，团队才能发挥出大力量。

设计意图：通过三个体验活动，让学生感知团队合作的重要性，明白了解并信任彼此、主动沟通交流，互相合作、团结互助才能达到最终目标。帮助学生在体验中学习，在活动中感知，寓学于乐，增强班级凝聚力，以愉悦的心情实现活动目标。

四、环节四：汇总积分，秀出团队成果

（1）汇总积分，颁发奖品。裁判统计三个活动后的总积分，总分最高评为优胜团队（表2-7）。

表2-7 "团结大联盟"积分榜

队名	活动一：衔纸杯传水	活动二：十人九足	活动三：信任圈	回答问题表现分
1队				
2队				
3队				
4队				

（2）教师为优胜小组颁发奖品。
（3）邀请优胜团队分享获胜心得。
（4）爱在行动，感谢彼此。与身边的组员握握手、击击掌、拥抱一下，感谢彼此今天努力奋斗的每一刻，表达"我们班因为有你（们）而变得更加精彩"感恩之语。
（5）全班合影，齐唱班歌《我相信》，升华感情。

设计意图：通过评优奖先凸显团队合作成果，活动感悟分享总结归纳整个活动，使活动感情升华，最终实现行为目标。

【活动拓展】

小组风采宣传展示

各小组把本组的活动花絮剪辑成小视频，发至视频号进行团队展示，宣传团队风采。

设计意图：通过采用小视频展示宣传活动，让班级活动得到延伸，展示班级风采，增强班级荣誉感和凝聚力。

【小贴士】

因活动范围较大,老师无法时刻兼顾到每一位学生。十人九足游戏中,学生很容易受伤,须在运动前要做好热身运动,注意学生安全问题。可以充分发挥小组管理的优势,运用同学之间的互相监督来提升游戏活动的参与度。

(指导老师:佛山市顺德区郑敬诒职业技术学校:李慧文)

案例3：班级文化建设

学习取经拓视野，文化建设润人心
——班级文化建设活动

陆河县职业技术学校　刘玉婷

【活动背景】

随着新课程改革的纵深发展，班级管理的作用日益突显。班级文化随着班级的建立而产生，是一种隐形的教育力量，对学生成才和发展起着重要作用，是校园文化建设的重要组成部分，是教师开展思想政治教育的主要载体。

学生是班级文化的建设者，享受者。然而，建班初期，班集体及学生都处于一个相对"零散"的状态，班级文化尚未形成，班级凝聚力不足，缺乏班级精神，班级专业特色不明显，班级布置不够美化，学生之间融合度不够，对班级各项事务的参与度较低。因此，通过开展活动的形式让全班学生都参与到班级文化建设中，有利于形成班级文化，铸就班魂，打造有凝聚力的班集体。

【活动目标】

（1）认知目标：认识班级文化建设的基本框架，理解班级文化建设应体现鲜明的专业特色，达到浸润人心的效果。

（2）情感目标：提高学生主人翁意识，认同班级文化建设对班集体及个人成长的重要性，对班级文化建设充满动力。

（3）行为目标：学会班级建设的方法，积极参与到班级文化建设的各个环节当中，发挥力量共同打造班级文化，展示班级风采，体现鲜明专业特色。

【活动方法】

说服教育法；榜样示范法；实践锻炼法。

【活动准备】

一、教师准备

（1）制作班级文化相关知识介绍的课件、准备闯关挑战问题。
（2）联系本专业的校企合作单位，对接参观走访事宜，借用会议室。
（3）指导学生编写班级调研访谈提纲，提高调研效果。

二、学生准备

（1）学生分为4个小组，分别以制度文化、创意环境文化、特色活动文化、思想文化为任务重点。

（2）利用课余时间，分组走访参观其他班级，访谈该班建设主要参与者，收集班级文化建设相关资料。

【活动时长】

2课时。

【活动流程】

一、环节一：知识链接识框架

（1）闯关挑战。学生以小组抢答的形式判断以下问题的正误：
1）班级文化建设是班主任及班干部的工作。
2）让每一扇墙都会说话就是在墙上多涂多画。
3）班级文化建设可以直接借用其他班级的方案。
4）班级文化建设就是把班级布置得漂亮好看就可以了。
5）班级文化建设得好，能促进班级良性发展和学生健康成长。
6）班级文化需要全体同学凝聚合力共同打造。
7）班级文化建设应结合我们的专业特色来开展。

（2）意义讲解。教师结合闯关挑战的题目介绍班级文化建设包含制度文化、创意环境文化、特色活动、思想文化等四个方面的内容，简要讲解它们的内涵，指出班级文化建设的意义目标是让每一扇墙都会说话，让每一个角落都浸润人心，从而营造积极向上氛围，促进班级和谐发展。

设计意图：通过闯关挑战游戏激发学生兴趣，教师讲解引导帮助学生初步认识班级文化建设的基本框架和意义，认同班级文化建设对班集体及个人成长的重要性，唤醒学生主人翁意识，从而愿意主动参与班级文化建设。

二、环节二：案例分享理思路

（1）案例展示。学生根据分组任务，以照片或图表形式，派代表依次展示活动前走访收集到的优秀班级文化建设案例资料，具体指出可学习借鉴的元素和做法，如：如何合理分工；具体内容、方法；如何结合专业特色进行建设等。

（2）思路分享。依次展示走访后在组内讨论形成的，针对本组任务重点的建设思路和重点，形成初步的建设列表。

（3）组间互评。教师和学生对各小组的汇报内容提出修改意见，形成最终的建设列表。

设计意图：通过案例分享开拓学生思维，帮助学生理清班级文化建设的思路，为下一环节的企业参观指明重点。

三、环节三：企业参观探内涵

（1）有序参观。在企业负责人的带领下，学生参观本专业的校企合作单位，仔细观察企业的环境及其布置，认真听取企业文化、设计理念、企业特色活动等介绍讲解。

（2）走访调研。分组走访请教该企业的员工，根据访谈内容将关键信息和做法登记进本小组的建设列表中。

设计意图：通过实地走访的方式帮助学生走进企业，拓展思路，提升学生对专业的认知，助力学生深刻理解本专业内涵，创造出具有鲜明专业特色的班级文化。

四、环节四：思维碰撞凝精髓

（1）自由交流。参观交流活动结束后，学生在企业会议室自由交流、讨论本次活动的所学所感所想，分享自己对本班班级文化建设的想法和建议。

（2）制订方案。利用餐垫式小组活动教学法，根据小组任务重点，分别制订出本班班级文化建设方面的初步方案，形成具体措施。

（3）分享汇总。各小组派代表分享本组方案，全班学生提出补充意见，最终确定本班的班级文化建设总方案。

设计意图：推动学生积极参与到班级文化建设的各个环节当中，发挥合作力量将所学知识转化为实际内容，助力学生合力打造班级文化，展示班级风采。

【活动拓展】

班级文化落地润人心

制订时间推进表，各小组根据任务重点分工，有序将班级文化建设方案落地实施到班级日常活动中。

针对实施过程中出现的情况，及时调整完善班级文化建设方案的相关内容。

设计意图：通过拓展任务的布置提升学生的行动力，同时能够助力学生将活动成果变现，推动建设成为优秀的班级文化。

【小贴士】

教师带领学生外出参观交流之前，应对学生做好安全教育工作，以防在外出过程中出现意外。

在班级文化建设过程中，教师应注意审核好学生的建设方案，建设内容既要体现专业特色，也要符合学校的要求，例如，有的学校要求不能在墙壁上贴画纸张海报，那么在创建班级文化的时候就要注意在规定范围内布置。

（指导老师：佛山市顺德区郑敬诒职业技术学校：李慧文）

案例4：学风建设

考证知识大比拼
——学生知识比赛班级活动方案

佛山市顺德区勒流职业技术学校　黎志锋

【活动背景】

为响应《国务院关于加快发展现代职业教育的决定》要求，职业教育必须"提高人才培养质量"。而人才培养质量的提高需要教师能遵循学生发展规律，引导学生掌握科学的学习方法。

本班学生是汽修专业二年级学生，正准备参加"1+X证书"考核。但大部分学生学习状态不佳，班级学风有待整顿。为激发学生学习热情，特开展系列知识竞赛活动，在班级形成赶超比拼的良好氛围，促进学生好学、乐学、主动学。

【活动目标】

（1）认知目标：熟练掌握考证知识，了解正确的学习方法。
（2）情感目标：明确好学、乐学、主动学的重要性，提升学生学习兴趣。
（3）行为目标：做到自觉学习、高效学习，以实际行动迎接1+X考证。

【活动方法】

知识竞赛法；朋辈示范法；自我教育法。

【活动准备】

一、教师准备

（1）利用电脑软件准备一系列与"1+X证书"考核相关的专业知识题目，题目包括学生专业相关的零件、实训工具、专业术语等，按难度分为必答题（简单）、抢答题（较难）、挑战题（困难）三种。
（2）挑选若干学生担任游戏裁判，负责游戏纪律管理和比赛成绩记录。
（3）其他：记分牌8个（可以用白板代替）、彩色马克笔数支、A3白纸数张、双面胶、记时器、抢答器和奖品若干。
（4）培训主持人及裁判。

二、学生准备

（1）全班学生分成8个小组，每组5人，并选出各组小组长。
（2）班干部组织人员布置活动场地。

【活动时长】

2课时。

【活动流程】

一、环节一：竞赛——学习检验

（1）游戏规则：

主持人宣布游戏规则：

1）比赛分为3轮，每组底分为100分，分别进行必答题、抢答题、挑战题环节。

2）每组有10道必答题，该组每位同学都要进行回答，其他组员不得提示和补充，答对加10分，答错不加分，总时间不能超过8分钟。

3）抢答题共有20道题，通过电脑显示题目后，各组利用抢答器或举手进行抢答，小组代表进行回答，其他组员可以提示和补充，答对加20分，答错扣20分，用时不能超过20秒，超时扣20分。

4）挑战题共有20道题，包含10分、20分、30分、40分4组分值的题型，每组5题。各小组轮流进行选题回答，其他组员可以提示和补充，答对加相应分数，答错扣分，用时不能超过30秒。

（2）知识竞赛：

主持人宣布知识竞赛正式开始，并按照比赛规则有序推进，各小组积极作答。裁判做好过程记录及成绩记录。班主任则以旁观者的身份观察学生表现，并做个人奖提名。

设计意图：通过规则解说，帮助学生更加详细地了解活动规则，激发学生兴趣与获胜欲望，提高学生参与度与活动效率。

二、环节二：荣耀——颁奖仪式

（1）裁判代表宣布比赛成绩。根据比赛成绩的高低评出冠军、亚军及季军。

（2）教师公布个人奖提名：个人奖包括最强得分王、最佳勇气奖、最具潜力奖等。

（3）为获奖集体和个人颁奖。

设计意图：通过学生投票方式增强学生之间的互动，从而提高游戏互动性，颁奖仪式给游戏活动画上一个圆满的句号。

三、环节三：分享——成功之道

（1）游戏结束后，各组用彩色马克笔在A3白纸上写出比赛总结（总结出成功与失利的原因和自身的不足，可以利用思维导图方式），并贴在教室黑板相对位置上。获得冠军的小组成员做成功经验分享。

（2）获奖个人做学习方法分享，特别是分享"1+X"证书考核分类分工如何安排，为学生们打气加油。

设计意图：借助优秀学生心得分享，让学生相互学习借鉴，帮助学生更好归纳和提炼高效学习的方法与经验，实现乐学、好学的目标。

四、环节四：追梦——梦想的路

（1）各组根据小组成员意见和建议，在本组A3纸上共同制订后期对"1+X"考证考核学习计划及目标，而组员相互讨论，按自己实际情况制订的学习计划可行性进行判断和择优选择，以此来促进大家学风的养成。

（2）教师根据黑板上各小组总结与计划，点评比赛情况和学生对学习知识点的掌握情况，并提出提高学习效率的意见与方法。

设计意图：让学生通过互动共同制订学习计划及目标，使学生更了解自己的不足并加以改正，做到相互了解、互相促进、共同进步。借助教师的总结与对学习计划的点评，及时发现问题，处理问题，可以帮助学生更好总结自己，起到认同与鼓励作用。

【活动拓展】

分享与总结。

活动结束后，各小组对本组比赛中出现过的知识点，结合其在专业学习进行更深层次的思考与探索。

设计意图：通过拓展活动延续学生的学习兴趣与探究热情，做到快乐学习，主动学习，养成良好的学习习惯。

【小贴士】

（1）在整个游戏活动中因为参与者较多，座位安排要合理，最好选择较大的阶梯教室。

（2）有条件的可以对音响、平板电脑、抢答器和电子记分器等电子设备配套进行完善，可以利用麦克风，增强场面的激烈程度。

（3）在控场方面要考虑到位，同时可以让参加"1＋X"证书考核培训的教师参与做裁判，让个别班干作记分员、记时员、纪律管理员等。

（4）如需购买奖品也可以由学生家委解决，增强家校共育效果，奖品尽量做到人人有份，但有大小之别。

（5）整个活动要控制好时间，每个人提问与回答的时间要规划好，每个环节要紧凑。

（6）最后，记住胜负不是关键，关键是学生在游戏中的互动，从而做到开开心心地学习，形成乐学好学的良好学习观念，高效地汲取专业知识。

（指导老师：佛山市顺德区郑敬诒职业技术学校：李慧文）

案例 5：仪式感活动之集体生日会

特别的爱，给特别的你
——集体生日会班级活动

陆河县职业技术学校　刘玉婷

【活动背景】

习近平总书记曾在给学生的回信中叮嘱"希望你们怀着一颗感恩的心，珍惜时光，努力学习，将来做对国家、对人民、对社会有用的人。"中职生正处于人生成长的"拔节孕穗期"，最需要精心引导和栽培。随着时代及网络的发展，中职生对生日的特殊意义逐渐淡漠，感恩意识、集体意识不强。因此，对正处于自我人生观、世界观、价值观形成的关键期的中职生开展集体生日会，有利于中职生正确认识生日的意义，感受集体温暖，增强感恩意识。

【活动目标】

（1）认知目标：正确理解生日的意义，体认生命意义，懂得感恩父母的养育之恩、师长的教导之情、同学的陪伴之谊。

（2）情感目标：认同生日的意义，充分感受到父母、老师、同学、班集体带来的温暖，增强感恩意识和集体归属感。

（3）行为目标：在生活中用实际行动感恩父母、老师、同学，积极参加班集体活动和比赛，为班集体争光，在中职生涯中更有责任、更有担当。

【活动方法】

实践锻炼法；情感陶冶法。

【活动准备】

教师准备：指导学生制作成长祝福视频、联系家长录制视频、邀请一位家长作为神秘嘉宾。

学生准备：统计近三个月生日同学名单、准备活动道具（纸条若干、抽签盒、报纸制作成不规则障碍物）、未到生日的同学为过生日的同学准备惊喜盲盒、收集成长照片。

【活动时长】

2 课时。

【活动流程】

一、环节一：守护天使陪伴特别的你

（1）开展"守护天使"游戏。

游戏规则：

1）本次过生日的学生作为天使，他们的名字分别被写在一张纸条上后放进抽签盒。未到生日的学生轮流抽取一张纸条，并担任该纸条主人的"守护天使"。

2）活动期间，守护天使需要想尽一切办法，照顾陪伴和守护自己的天使，但不能让对方知道，否则，视为守护失败。

（2）教师小结："守护天使"游戏体现的是责任与守护，更是温暖情谊。希望同学们在接下来的活动中，能够积极主动地参与游戏，也要用心感受，体会游戏的过程。

设计意图：通过"守护天使"游戏增加生日会的趣味性与刺激度，激发学生兴趣，帮助学生快速进入活动状态。同时，让过生日的学生能够充分感受到同学的关爱与陪伴，增加其他学生的活动参与度，帮助全体学生认识生命守护的意义。

（3）开展"护蛋行动"游戏。

游戏规则：

1）由过生日的同学扮演护蛋使者，其他同学扮演鸡蛋。

2）护蛋使者需要全程保护鸡蛋，从起点出发，跨过多重障碍物，躲避路途中随时出现的"炸弹"、不明飞行物等困难，最终到达终点。（注：障碍物、炸弹、不明飞行物由报纸，废旧纸张，布料等柔软物品揉成球状，由部分学生承担制造障碍物的角色）

3）期间，鸡蛋如果碰撞到障碍物，或者被炸弹、不明飞行物击中，则鸡蛋破裂，护蛋行动失败。鸡蛋如果顺利躲避障碍物、炸弹、不明飞行物，则护蛋行动成功。

（4）感受分享。由扮演护蛋使者、鸡蛋的同学分别分享自己参与本次游戏的感受。

（5）教师小结：通过"护蛋行动"游戏，我们深深体会到鸡蛋顺利到达终点的不容易，这与护蛋使者的精心守护分不开。"护蛋行动"就像我们一路的成长，经历许多的困难挫折，这离不开父母、老师、同学们的守护。因此，我们要懂得感恩成长中的守护者。

设计意图：通过"护蛋行动"游戏帮助学生逐渐深入活动主题，让学生感受到鸡蛋顺利到达终点的不容易，这与护蛋使者的精心保护分不开，从而理解生日的意义，认识到自己的健康成长离不开父母、老师、同学的守护，增强感恩意识与归属感。

二、环节二：成长印记见证青春之路

（1）播放成长祝福视频。在视频中展示过生日学生从小到大的成长照片，播放父母、老师、同学的生日祝福，学生直观感受自己的成长历程、接收祝福，学生代表分享自己看完视频后的感受。

（2）电话诉真情。邀请过生日的学生现场视频连线或电话联系家长，诉说自己的心里话，表达自己的感恩之情。

（3）神秘嘉宾助兴。学生通话结束后，老师请出"神秘嘉宾"，即其中一位通话学生的家长到现场与大家见面，学生拥抱家长，并邀请家长说说感受与期望。

（4）教师小结：今天我们回顾了成长的历程，也感受到了来自父母、老师、同学的祝福与期盼，是父母、同学、老师的一路陪伴才有今天的我们。因此，我们要学会适时表达自己的情感，在以后的学习生活中应该更有责任、更有担当。

设计意图：帮助学生直观感受成长历程，感受祝福与期盼，认识到自己成长过程的漫长与改变离不开亲人的陪伴，学会表达情感，并懂得在以后的学习生活中应更有责任、更有担当。

三、环节三：惊喜揭秘承载特别的爱

（1）选拆礼物。过生日的同学到惊喜盲盒区挑选一份礼物，现场拆开后，由准备该礼物的同学送上自己的祝福。

（2）揭晓守护天使身份。请天使们猜一猜自己的守护天使是哪位同学，并说明理由；教师揭晓答案，请出守护天使详细说明活动过程中守护自己的天使时的具体做法和表现。天使们给予守护者们一个大大的拥抱。

（3）唱响歌曲。全班齐唱《生日祝福歌》，过生日的同学许愿、吹蜡烛、切蛋糕，全班同学共同品尝蛋糕。

（4）教师小结：生日礼物、守护天使的揭秘让我们充满了惊喜，更感受到了满满的温暖与关爱。我们都是被身边人温暖的，也温暖着身边人。希望同学们能够用心感受，用心回报。

设计意图：将活动气氛推向高潮，升华学生情感。让学生感受到满满的温暖与关爱，体会到自己享受着来自父母、老师、同学的特别的爱，推动爱的双向奔赴，提升学生自我认同感，集体归属感。

【活动拓展】

特别的爱回馈给您

要求学生回家后用心为父母做一件"特别的"小事，通过拍照、录像等方式进行记录，并在班级微信群进行打卡。

设计意图：通过让学生为父母做一件小事，引导学生用心为父母考虑，推动学生将活动中的感恩教育内化于心，外化于行。

【小贴士】

班级内若有单亲家庭的学生，班主任可在活动开展前先单独找到这部分学生，提前跟学生做好心理建设，避免学生在活动过程中受心理伤害或者引发情绪问题。

在组织学生准备惊喜盲盒时，要注意引导学生用心思考，学会结合自身情况合理地进行准备，避免产生攀比、盲目准备的情况。

（指导老师：佛山市顺德区郑敬诒职业技术学校：李慧文）

案例6：仪式感活动之毕业典礼

汇职校成长　绘职业未来
——毕业典礼班级活动

佛山市高明区职业技术学校　廖　峥

【活动背景】

中职阶段是学生旅途的重要站点，三年来，学生用实际行动坚定地追逐心中的梦想，并取得一定的成绩。毕业典礼是对中职三年成长历程的纪念，它正式宣告学生此阶段学习的结束，同时，又是学生对美好未来的畅想。通过举办一场仪式感强且富有意义的毕业典礼活动，为中职三年画上一个完美的句号。一方面，帮助学生重温成长印记，给予机会彼此告别、互送祝福。另一方面，肯定和表彰学生取得的成绩，鼓励学生坚定信念，不忘恩师母校的嘱托和期待，勇毅前行，以更加高昂的姿态迎接新的挑战。

【活动目标】

（1）认知目标：认识毕业是对中职三年成长历程的纪念，明白毕业的内涵是现阶段的结束更是新阶段的开始。

（2）情感目标：感恩同窗陪伴之情，感恩老师、学校培育之情。

（3）行为目标：确立下一阶段的目标，继续脚踏实地，勇毅前行。

【活动方法】

情境演绎法；合作探究法。

【活动准备】

一、教师准备

（1）挑选活动主持人，与其商议活动流程，指导其撰写主持稿。

（2）收集班级活动照片和视频，招募视频剪辑能力较强的学生制作成长视频，邀请学生担任活动摄影师。

（3）定制空白的感恩卡和班级职业船票。

（4）领取学生毕业证书。

（5）指导学生设计、创绘、制作纪念墙。

二、学生准备

（1）主持人制作活动流程课件。

（2）制作感恩盒。

（3）班干部带领学生布置活动场地，分好小组。

【活动时长】

2 课时。

【活动流程】

一、环节一：【引】重温游戏唤醒记忆

（1）成长视频。选取学生三年中日常相处、班集体活动、实训学习等重要时间节点、重要活动的精彩照片和视频片段，制作成一个成长视频，播放给学生观看，帮助学生感受成长轨迹。

（2）经典再现。全班学生重玩班级刚组建时的第一个团体游戏《互助揉肩》。

每位学生回忆当年的站位，在 30 秒内，找回旁边的小伙伴，站立围成一个圈。30 秒后，主持人公布当年游戏时的合照。站错位的学生走到正确位置，大声真诚地对左右两边的小伙伴说："我的左膀右臂，让你们久等啦"，接着给他们一个拥抱。

复原当年的圆圈后，全班学生跟随欢快的音乐，完成主持人指令，给前面的同学揉肩、松背。1 分钟后，全体向后转，调换服务对象。

设计意图：通过重温团建游戏唤醒学生的美好回忆，迅速拉进学生间的感情距离，活跃现场气氛。

二、环节二：【忆】感受成长感恩相知

（1）回忆美好。学生分小组围绕下列问题，回忆并自由分享三年来的各种美好时光。问题如下：

1）进入学校时，你认识的第一个同学是谁？

2）三年中，令你印象深刻的事情或者对你帮助较大的同学有哪些？

……（可以是其他的有趣分享。）

（2）感恩同学。

1）写写我的爱。学生在感恩卡上写下要感恩的人的姓名、简要描述事件经过，完成后将感恩卡投进感恩盒。

2）猜猜他是谁。主持人随机抽取三份感恩卡，读出事件内容，请学生猜猜感恩卡的主人及感恩对象分别是谁。

3）说说感恩情。邀请感恩卡的主人和感恩对象上台。感恩卡主人向感恩对象表达感恩之意，感恩对象分享感想，并给对方一个大大的拥抱（异性握手）。

设计意图：通过故事分享，让学生感受三年的中职生活离不开同学的陪伴、帮助和支持，感恩同窗之谊。

三、环节三：【获】颁发证书表彰成绩

（1）颁发毕业证书。学生分批上台，邀请班主任给学生颁发毕业证书，并合影留念。

（2）学生代表发言。邀请优秀学生代表上台分享毕业感受，表达对老师、对学校的感恩之情。

设计意图：通过高度浓缩的精华视频，唤起学生回忆的同时，深刻理解到成绩的取得、技能的提升离不开老师、学校的谆谆教导，感恩老师和学校的培育教导之情。

四、环节四：【冀】最后一课指明方向

班主任以"青年担当"为主题，给学生上最后一课。结合党的二十大精神，寄语学生在更高的学府或工作岗位上保持学习热情、学会责任担当，做一名对自己、对他人、对社会、对国家负责的栋梁之材，为建设社会主义现代强国贡献力量。

设计意图：通过学生亲切熟悉的形式，给学生留下教育痕迹，对学生提出殷切的期许，补足学生的精神之钙和能力之源，帮助学生整装再出发。

五、环节五：【行】制作船票再次起航

（1）制订专属船票。学生领取空白的职业船票，背面是全体同学的签名，正面填写姓名、在终点站上慎重填写职业理想或下一阶段的目标（图2-6）。

图2-6 专属船票

（2）验票起航。学生依次上台递交船票给班主任验票，班主任确认后在船票上盖上班级印章后，交还给学生。寓意为学生带着船票登上人生的另一艘船，走向人生美好未来。

设计意图：结合班徽"扬帆起航"的元素，设计具有班级特色的船票，用充满仪式感的方式帮助学生确立下一阶段的目标，让学生明白中职毕业不是终点，是新的起点，应继续脚踏实前行。

【活动拓展】

（1）心手相牵赠祝福。
学生在黑板上写下对下一届学弟学妹的美好祝愿，让同门情谊得以传承。
（2）制作毕业典礼活动电子相册。
将本次活动的精彩照片和视频整理成电子相册，发布到家长群和班级公众号，将喜悦传递给更多关心我们成长的亲朋好友们。

【小贴士】

（1）整个活动由学生主持，主持稿初稿来自班级学生，班主任进行课前指导。

（2）感恩卡可以提前让学生写好，也可以现场写，根据学生实际能力而定。

（3）结合班级实际决定颁发船票/高铁票/飞机票等。（我班班徽是船在大海中乘风破浪，我们选择船票）

（4）纪念墙可根据班级实际情况制作。祝福语可以是祝福同学/老师/班级/学校/祖国等。

（指导老师：佛山市顺德区郑敬诒职业技术学校：李慧文）

案例7：安全教育

牢筑防火墙　防患于未"燃"
——消防安全主题活动方案

佛山市顺德区勒流职业技术学校　郑小辉

【活动背景】

学校安全工作，是全社会安全工作的一个十分重要的组成部分。它直接关系到青少年学生能否安全、健康地成长，关系到千千万万个家庭的幸福安宁和社会稳定。本班是电气专业一年级的学生，虽然学校举行过消防演练，但是学生的安全意识并不强，仍然有同学在教室或宿舍充电，甚至有个别同学经常抽烟，都存在安全隐患。为了让同学们更加身体力行地体验消防安全的重要性并提高防火意识，掌握火灾中的逃生技能，学校特组织学生到消防安全体验中心开展本次活动。

【活动目标】

（1）认知目标：通过学习防火安全知识，了解火灾的严重危害。
（2）情感目标：树立学生消防安全意识，提高学生的自护自救能力，养成对自己生命安全负责的态度。
（3）行为目标：掌握基本的消防安全技能和火灾发生时的安全逃生自救方法，珍爱生命。

【活动方法】

案例教学法、活动体验法。

【活动准备】

（1）与消防体验馆联系参观，约定讲解员。
（2）安排学生与消防体验馆负责人联系，合作编排情景剧。
（3）印发《致家长的一封信》，告知家长外出计划，外出前要征求家长同意。
（4）向学校申请报备。

【活动时长】

2课时。

【活动流程】

一、环节一：观看视频感受火灾无情威力

活动地点：播放厅

(1) 火灾教育视频重现。学生到达消防体验馆后,馆内社工将学生带至播放厅,组织学生观看视频《触目惊心》,视频展现了酒店、烧烤店、家庭等多个场景发生火灾的真实现场,场面触目惊心。

(2) 消防隐患找茬游戏。志愿者向学生出示有安全隐患的场景,涵盖学校、厨房、客厅、宿舍、办公室、娱乐场所、加油站等多个场所,学生以小组为单位抢答给出场景中存在的安全隐患。

设计意图:通过真实的火灾视频,帮助学生直观感受火灾的危害性,产生进一步学习的意愿。

二、环节二:隐患排查养成安全防范意识

活动地点:消防器材展厅

(1) 安全标识挑战:学习展厅地面上 30 个消防标识。学生 2 人一组,一名学生回答该标识的意义,另一名学生点亮对应的触摸灯,终端大屏幕播放正确答案。

(2) 参观消防装备:消防讲解员带学生逐一参观并讲解常见消防器材,如手提式灭火器、灭火毯、防烟面罩、逃生绳、缓降器等装备。

设计意图:学生在体验馆里通过视、听、体验相结合的三维立体学习模式,沉浸式地开展消防知识的体验和学习。突出学生的互动性、参与性、体验性,在寓教于乐中提高消防安全意识和技能。

三、环节三:逃生演练夯实消防安全技能

活动地点:逃生技能体验厅

(1) 逃生绳索。在消防员的指导下,学习逃生绳索的使用。消防员检查学生打的逃生结是否牢固,并提出整改建议。

(2) 灭火体验。利用 VR 技术在模拟接近真实的火灾场景中,深陷"凛冽大火、滚滚浓烟"的校园或家庭场景中,用手柄在虚拟场景拿灭火器灭火,用耳机感受四面八方的声音,头戴装置用来观察整个虚拟场景,佩戴防毒面具,并且学习面对火灾时的逃生技巧和消防装备操作训练。

(3) 逃生学习。在消防员的指导下,学生进行消防演练。模拟烟雾逃生通道通过模拟烟道,充分利用声、光的真实性和危害性,着重训练学生在面对火灾等消防问题时的冷静判断能力及有序逃生的能力,提高防范意识。结束后,消防员根据学生在活动中存在的问题进行纠正,并提出整改建议。

设计意图:通过现场学习,让学生掌握绳索的使用,提高消防安全技能,增强安全意识。通过游戏形式,让学生沉浸式体验火灾逃生,学以致用;通过现场模拟,让学生亲身体验火灾现场的处理方式,提高消防安全技能。

四、环节四:反观实训消防安全落到实处

(1) 实训安全从我做起。电气实训中火灾安全隐患无处不在,小组讨论电气专业实训中的安全隐患有哪些,并写出应急方法,用思维导图的形式呈现出来。(例如:线路过负荷、线路短路、接线错误、线路老化、私拉电线、忘关电器等)。

(2) 教师总结升华主题。班主任对各小组的思维导图进行点评,对本次活动进行总结补充,强调根据火势实情选择最佳的自救方案,逃生的过程中也要学会合作。

设计意图：将消防安全知识运用到实际学习生活中，通过思维导图形式，让每位学生都重视电气实训安全，把实训室的防火安全落到实处，为平安校园打下坚实的基础。

【活动拓展】

（1）利用课余时间排查宿舍或家庭中的火灾隐患，及时捕捉生活场景中的一些消防安全隐患，将正确做法拍成微视频，上传至抖音等短视频平台与大家分享。

（2）观察学校、小区所装的安全通道标识，拍照或者视频进行科普，分享到班级群。

设计意图：让身边的人更加真切的感知消防安全的重要性，增加辐射作用。

【小贴士】

（1）外出活动如需租车，学校要帮学生购买出行保险，必须提前告知家长，征求家长的意见。

（2）VR体验火灾逃生环节时，围观的同学不宜过度喧哗，要关注体验者的表情与反应，防止画面过度真实而导致恐慌。

（指导老师：佛山市顺德区勒流职业技术学校：郭俊）

案例8：禁毒教育

青春不"毒"行　防范我最行
——禁毒教育主题活动策划方案

佛山市顺德区勒流职业技术学校　廖颖欣

【活动背景】

党的十八大以来，习近平总书记多次在国际禁毒日前夕发表重要讲话、作出重要指示，对加强和改进禁毒工作提出明确要求："要坚持关口前移、预防为先，重点针对青少年等群体，深入开展毒品预防宣传教育，在全社会形成自觉抵制毒品的浓厚氛围。"

截至2022年年底，中国现有吸毒人员214.8万名，吸毒人员中，35岁以下105.2万名，占48.9%。因此，对青少年进行禁毒教育是工作的重中之重。中职生正处在生理、心理发育时期，好奇心重，好胜心强，判断力较弱，最容易成为毒品的"攻击对象"。

【活动目标】

（1）认知目标：了解常见毒品的类型，以及毒品对社会、家庭、个人的危害。

（2）情感目标：增强学生的识毒、防毒、拒毒意识，认同吸食毒品不但危害自身还会对家庭、社会造成无可挽回的损失。

（3）行为目标：坚决抵制毒品诱惑，能主动宣传毒品危害，身体力行成为一名禁毒志愿者。

【活动方法】

参观体验法。

【活动准备】

（1）与当地青少年禁毒教育基地取得联系，沟通协商活动流程，并安排社工指引讲解。

（2）安排出行车辆，给学生购买出行意外险。

（3）安排学生负责摄影记录活动过程。

（4）准备总结用的小白板、白板笔，共8份。

【活动时长】

2课时。

【活动流程】

一、环节一：认识毒品种类

组织学生到当地的青少年禁毒教育基地参观主题为《新型毒品》的展览。

(1) 视听初识。

通过听社工讲解毒品相关信息、观看禁毒宣传片、阅读禁毒资料漫画、观摩毒品模型等方式，了解和学习毒品的基本常识。

(2) 分辨毒品。

展示各种传统毒品及常见新型毒品的实物，让学生说出该毒品的名称，并由社工做进一步的介绍，介绍内容包含毒品名称及其危害。

设计意图：通过丰富的毒品实物和图片等，从不同视角向学生展示介绍毒品，让学生初步辨别出市面可能出现的毒品。通过宣传教育漫画、新闻案例，使学生认识到毒品有可能就在身边，从而提高学生的禁毒意识。通过分辨毒品，强化学生对毒品的辨认能力。

二、环节二：VR体验吸毒恶果

(1) 沉浸式VR禁毒体验。

利用禁毒声光电设备——VR禁毒太空椅、VR禁毒空间舱、VR禁毒小空间仓、VR毒驾，进行吸毒体验、戒毒体验、毒驾体验让体验者模拟吸食毒品后，VR眼镜看影像出现的眩晕感和幻觉等不良反应，让学生感受吸毒后的真实感觉，而这种不良反应会令学生真实地感到焦虑、没有安全感。

(2) 学生分享体验感受。

请进行了VR体验后的学生分享当下感受。通过学生真切的体会，总结出吸毒对个人身体器官的危害后，并进一步引发学生思考吸毒对于家庭和睦的危害、对社会稳定的危害。

设计意图：使用VR技术，具有高度的真实感和互动性。让学生自由地移动、观察和交互，使得体验更加贴近真实，学生也能够更加深入地了解毒品给人体带来的严重危害。最后，采访学生，让学生把感受用语言描述出来，深化毒品的危害意识。

三、环节三：齐议禁毒方法

(1) 头脑风暴。

学生5人一组，共同讨论：①青少年有哪些可能接触到毒品的情况；②如何远离毒品，抵制不良诱惑。提炼讨论结果，并写在小白板上。

(2) 分组展示。

组长按小白板的提示，分享小组讨论结果，组员负责补充说明。

(3) 教师小结。

由老师综合各小组的讨论结果，梳理总结出青少年在各种情况下能做到防备毒品，保护自身安全的方法。

设计意图：通过讨论分享所见所想，集思广益，以学生角度进行总结，更贴合青少年实际情况。通过小组展示讨论结果，利用精炼的语言提炼出分析要点，提高学生的表达能力。通过教师总结，进一步加深学生的禁毒意识。

四、环节四：宣誓抵制毒品

学生领誓：我是中华民族的儿女，不忘耻辱，坚决与毒魔作斗争，珍爱生命，拒绝毒品，保证不吸毒、不贩毒、不制毒、不种毒，积极检举吸、贩毒行为，自觉抵制毒品侵蚀，积极投身于禁毒斗争行列，我将履行禁毒誓言，为国家禁毒事业做出自己应有贡献。

宣誓人：×××

设计意图：通过坚决铿锵的誓词，把禁毒的意识深深烙印在学生的心中，坚决抵制毒品，并激发学生的社会责任感，使每位学生以后对有关毒品的言行等做力所能及的工作。

【活动拓展】

（1）禁毒标语编写：学生结合本次禁毒活动的内容和感受进行汇总，各自编写禁毒标语，选取具有代表性的标语，在微信公众号上发布投票，加强禁毒宣传力度。

（2）禁毒活动小视频发布：宣传委员把本次禁毒活动的图片、视频、采访进行编辑整理，形成禁毒宣传小视频，在微信公众号上发布，记录禁毒所见所感。

（3）当禁毒志愿者：参与社区禁毒宣传活动，向居民群众散发禁毒知识宣传单、案例宣传图册，讲解禁毒的基本知识、毒品的危害、如何拒绝毒品诱惑以及相关的法律法规。

设计意图：提高学生禁毒宣传意识，让更多人更加真切的感知禁毒的重要性，增强辐射作用。

【小贴士】

（1）由于是校外活动，在活动开展前，老师要向学生说明外出注意事项，以及强调参观禁毒教育基地的纪律要求、集中地点等问题；

（2）学生提前分为5人一组，按小组活动，组长时刻关注组员去向。

（指导老师：佛山市顺德区勒流职业技术学校：郭俊）

案例9：即时性教育之心理团辅

生命赋能，"心"的力量
——抗逆主题班级活动设计

广东省佛山市顺德区勒流职业技术学校　曹妙琪

【活动背景】

《中小学心理健康教育指导纲要》中要求提高全体学生的心理素质，培养他们积极乐观、健康向上的心理品质，充分开发他们的心理潜能，促进学生身心和谐可持续发展，为他们健康成长和幸福生活奠定基础。

本活动对象是中职一年级学生，这个阶段的学生正处于一个生理、心理都发生巨大转变的关键时期。实施有效的心理团体辅导，帮助学生建立强大的心理能量，培养其自我调节的能力是提升学生自我效能感的有效途径。

【活动目标】

（1）认知目标：认识到人生在不同阶段会面临不同的挑战及困难。
（2）情感目标：产生心流，相信自己拥有克服障碍的能力。
（3）行为目标：增加内心能量，提升自我效能感，敢于面对生活的挑战。

【活动方法】

舞动治疗法、合作学习法。

【活动准备】

（1）课前通过心理测试，选中几名自我效能感最低的学生作为本次活动的主要辅导对象。
（2）培训两名示范人员（简称示范者A、示范者B），在体验时做示范并带动气氛。
（3）准备8块瑜伽垫或者浴巾铺在地面，铺成4~6米的"路径"。
（4）音乐准备：钢琴慢板、伦巴、打击乐、西班牙风情、轻音乐。
（5）每位学生1~2张白纸、笔。

【活动时长】

2课时。

【活动流程】

一、环节一：调息冥想　静心修习

（1）席地而坐。学生安坐在地上，挺直脊柱，双肩自然下垂，双手安放在膝盖上。

（2）闭眼调息。学生轻闭双目听音乐，跟随班主任的引导语冥想。

设计意图：引导学生在冥想的过程中，安静地关注自己，让自己活在当下、觉知当下，接纳当下呈现的所有。

二、环节二：舞动治疗　突破自我

（1）舞动治疗方法。

1）角色定位。将学生随机分两组，分别沿路径跪坐在两边，为体验者前行制造阻碍。注意：制造阻碍时要控制难度，可以用双手，但不能用身体强行阻碍。

2）终点预设。体验者站在路径的开端，想象着路径的末端有一个美好的事物，这是体验者想要奋力争取的目标或者是希望极力摆脱的事情。

3）抗逆突破。体验者用手脚并用的方式向路径的尽头爬行，用尽全力到达自己的目标。其他学生在两边用手阻拦体验者前行，为他制造阻碍，同时用积极的语言鼓励他。

4）静默舞动。当体验者到达目的地时，让他站起来冷静一分钟，然后播一首与他目标符合、相关的音乐，让他自由地在"路径"的终点舞动，用肢体表达自己的感受。

（2）具体实施过程。

1）带动。班主任宣布活动开始，请有意愿体验的同学举手。示范者 A 举手，第一个参加体验；示范者 B 第二个体验。（为保障舞动治疗效果，示范者 A、B 均是活动之前已培训好）

2）疗愈。班主任根据课前调查，引导前期心理测试中自我效能感低的同学参与体验。在出发之前，提问学生，你给自己的内在能量打多少分？

在其经过层层阻碍到达目的地之后，班主任应用舞动治疗的话术和方法引导他（她）说出内心想法：自己一路向前，发自内心的呐喊，用力从他人的阻碍中挣扎向前，你体验到了什么？尽头的目标会给自己带来什么？此刻，如果需要给你内心的能量打分，你会给自己打多少分？

设计意图：通过参与舞动治疗全过程，体会通过个人努力可以摆脱重重困境的成功体验，提振心理能量，提升抗挫信心，提高自我效能感。

三、环节三：活动复盘

对当天活动进行复盘与总结。

（1）分享活动感受。学生围成一个圈，用一个不重复的词语分享当天活动的感受。

（2）班主任总结。普及心理释压的方式：①转移注意力，通过自己喜欢的又不妨碍他人的方式转移注意力，使情绪得以调适；②学会倾诉宣泄；③善于调整目标；④学会积极的自我暗示；⑤学会合理比较等。

设计意图：活动复盘，升华主题，进一步提升学生的自信心，引导学生用正确的方法抗逆。

【小贴士】

（1）为了让同学们放下戒备，打开自己，全身心投入团辅活动，可事先秘密训练两名示范者，通过他们的身体力行来带动其他同学。

（2）环节二确认学生身体情况，不适合进行剧烈运动的学生不得参与爬行体验。

附件：环节一冥想引导词：

　　选择一个舒服的姿势，闭上眼睛，做三次深呼吸，深深的吸气，缓缓地呼气，把注意力放在呼吸这件事情上。鼻子吸气，嘴巴呼气，感受气体从你的身体内缓缓地长长地流出。想象借助着呼吸，氧气传递到你身体的每一个细胞，你似乎感觉到全身都被滋养。如果身体的哪个地方感到有些疼痛，压迫，麻木，你同样可以把你的关注点放在身体不舒服的部位，然后在心里告诉那个地方说，我看到了你的紧张，我看到了你的压迫，谢谢你告诉我这些信息，谢谢你！随着你对那个不舒服的关注，那个不舒服就会缓缓的变化，从而离开你。尽可能让你的身体处在一个最舒服最自在的状态，从头到脚地扫描你的身体，你会发现，当你的觉知到达你身体的某个地方时，你身体的那个地方就会放松下来，安静下来，接下来跟着我的指引，请把你的意识带到你的头顶，让那里放松下来，想象着有意识地放松你的头皮，放松你的头颅，放松你的左脑，也放松你的右脑，放松你大脑的每一条神经，用你的心对你的大脑说，谢谢你！这么多年来，你一直在帮我学习，思考，帮我做出判断，选择，让我能过的更好，这一刻，你可以完全的放松下来，好好地休息一下。接下来，把你的关注放在你的眉心，放松你的眼皮，你的眼球，谢谢你，亲爱的眼睛，是你让我可以看到这个五彩缤纷的世界，是你让我可以与人进行心灵信息的传递。再把你的关注放在你的脸颊和脸颊两边的肌肉，放松你的两只耳朵、你的鼻子、你的嘴唇，请你用心对着嘴巴说，感恩你，让我能够与人沟通，能够表达自己。再接下来，放松你的肩膀、手臂、手肘、手腕、手掌，和每一根手指，再把关注力放到你腰部、腹部、臀部，放松你所有的骨骼和肌肉，动一动你的左腿，放松你的左腿。再动一动你的右腿，也放松你的右腿。现在，请你用你的心，对你的两条腿说，谢谢你们，亲爱的，谢谢你们陪我一路走过人生的千山万水，谢谢你们，陪我走过人生的风风雨雨，经历人生的酸甜苦辣，此刻，你们好好地休息一下，接下来，你就只能听到我的声音和美妙的乐曲。其他的声音你开始变得听不到了，或者即使你听到，你也会发现，他们只会帮助你进入更深的宁静。你感觉到你的整个的身体已经充满一束光芒，你全身都笼罩在这金色的光芒之中，你感觉到浑身通透，轻盈，你的人在金光中，光，也在你的身体内，你和这金色的能量融为一体，你就是这金色的能量光，你身体的每一个细胞都在闪着这金色的光芒，你浑身充满着无限的能量，你与整个宇宙的能量合二为一了，你感觉到你拥有无限的可能，而这样的感觉将一直陪伴着你，一直留在你的细胞中，永远永远，每当你需要能量的时候，你只要闭上眼睛，静下心来，你就能感觉到来自宇宙的能量源源不断的从你头顶注入，你就知道，你是金色的光，而这些能量，他就住在你的身体里，住在你的细胞里，现在，你感觉到你的身心完全的健康，自在，充满能量。你是美好的，你是独特的，你具有无限的可能，你爱你自己，你欣赏你自己，你也爱你身边的人，你也会欣赏他们如欣赏你自己。

（指导老师：佛山市顺德区勒流职业技术学校：周玲）

案例10：即时性教育之时间管理

时间管理大师是怎样炼成的
——时间管理习惯养成主题班级活动设计

佛山市顺德区勒流职业技术学校　陈　建

【活动背景】

《关于推动现代职业教育高质量发展的意见》指出，"加快构建现代职业教育体系建设技能型社会，弘扬工匠精神，培养更多高素质技术技能人才、能工巧匠、大国工匠为全面建设社会主义现代化国家提供有力人才和技能支撑。"中职学生要发展成为高素质技术技能人才，既要提高文化素质也要掌握职业技能。对于中职学生而言，"计划时间""管理时间"是一种重要的学习策略，也是将来适应职场的重要技能。

班级学生为中职一年级，学生刚从紧张的初中生活步入中职学校，中职生活拥有更多的自主时间，因此需要学生有更强的时间管理能力，经过我的观察，班级学生常表现出学习效率低、做事拖拉的现象，经过对本班学生调查，得出数据：100%学生认同时间管理的重要性，但只有不到10%的同学有时间管理的习惯，80%同学不知道如何管理时间，希望通过时间管理习惯养成主题班级活动，让学生认识时间管理的重要性，学会科学的时间管理办法，合理的管理自己的时间，提高学习效率。

【活动目标】

(1) 认知目标：发现自己在时间管理上存在的问题，学会时间管理"四象限"法则。
(2) 情感目标：学生感知时间的宝贵，提高时间管理意识。
(3) 行为目标：在学习中实践时间管理"四象限"法则，提高学习效率。

【活动方法】

活动体验法、讨论法、合作学习法

【活动准备】

(1) 教师准备：准备素材（背景音乐、视频、PPT）、设计情景剧、按小组数量准备纸和彩笔、乒乓球、奶茶杯等活动工具。
(2) 学生准备：搜索"四象限法则"的相关资料并预习，并在学习群讨论学习心得，绘制四象限卡片。

【活动时长】

1课时。

一、环节一：欣赏情景剧《时间去哪了》

（1）观看情景剧：观看学生自导自演的情景剧《时间去哪了》，还原学生生活片段，引发对时间管理上的问题思考。

（2）讨论找原因：小组讨论主角一天所计划要做的主要事件，并出来；并分析主角没有完成任务的原因。

设计意图：通过情景剧，还原生活片段，让学生直观的看到由于缺乏科学的时间管理，时间在不经意间悄悄的流逝，导致学习工作的效率低，引发学生对自己浪费时间情况的反思。

二、环节二：A4 纸上看中职三年

（1）时间可视化：播放视频《A4 纸上看人生》，一个月的时间在用一格表示，一个人一生的时间在 A4 纸上表示出来，标记出不同阶段在纸上所处的长度，用这种方式将时间可视化（图 2-7）。

（2）三年纸上画：学生们将中职三年的时间在课前准备的 A4 纸上画出来，清晰地了解到中职三年在人生这张 A4 格子纸上的占据之地有多少。一年 12 个月，三年 36 个月，画出来，如图 2-8 所示。

图 2-7　视频《A4 纸上看人生》　　　　图 2-8　中职三年的时间

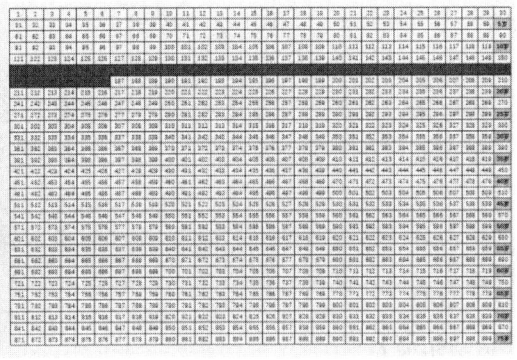

设计意图：用画图的方式将三年时光可视化的呈现出来，看似漫长的三年时光，在纸上呈现出来的就是那么短短的两行，以此方式可警醒学生，要好好地珍惜中职三年在校的时间，不要浪费光阴、虚度时光。

三、环节三：生命中的"乒乓球"

（1）游戏体验。每小组桌上放着一个相同的空杯子、等量的乒乓球和细沙（图 2-9），学生按不同的顺序把乒乓球和细沙放进杯子里，第一次先倒沙子，再倒乒乓球，第二次先倒乒乓球，再倒沙子，对比两次的结果有什么不同。

（2）小组讨论。容器象征着每个人有限的时间，可以是一天也可以是一生，乒乓球象征着重要的大事，细沙象征着无关紧要的琐碎小事，从中你受到了什么启发，邀请同学分享感受。

图 2-9　游戏道具

（3）教师小结。这个游戏告诉我们处理事情顺序的重要性，如果先忙无关紧要的琐事，并占据大量的时间,那么重要事就很可能无法完成,容易导致学习生活焦头烂额。相反,如果我们把重要事先处理,有时间再做无关紧要的琐事,那么我们学习生活就可以游刃有余。

设计意图:通过"生命中的'乒乓球'"游戏,同样的容量、等量的物质,放入顺序不同导致就不同的结果,在老师的总结中引发学生对时间管理的思考,为接下来的环节奠定基础。

四、环节四:学习时间管理"四象限"法则

(1) 分享探讨。学生课前已经自学时间管理"四象限"法则,课上交流讨论各组对"四象限"法则学习的理解,第一组分享"四象限"法则整体概念、第二组分享第一象限"既紧急又重要"内容的理解、第三组分享第二象限"重要但不紧急"内容的理解、第四组分享第三象限"紧急但不重要"内容的理解、第五组分享第四象限"既不紧急也不重要"内容的理解、第六组分享"四象限"法则的实施要点的理解,并将分析内容的重点制作成小卡片,贴在四象限相关分地方。

(2) 模拟实战。根据学生的实际情况,设计一张事件清单,用"四象限"法则对事情进行分类,将事件做成小卡片,将卡片随机分到各组,针对分到的事件,各组讨论该事件应该处在哪个象限,根据小组讨论的结果,将事件贴到黑板上相应象限的位置,并简要说明处理的理由。

(3) 事件清单。下周二交的美术素养作业、朋友打来的电话、马上截止的语文作业、和朋友吃饭、亲友来访、玩游戏、跑步30分钟、计算机一级考证、看书阅读、后天的数学考试、看电影、明天听写英语单词(事件清单可以根据实际情况调整)。

设计意图:通过课前自学,课上组内讨论,让学生对时间管理"四象限"法则有一定的理解。然后再请各组同学进行分享,利用同伴教育的方式,更近一步的理解四象限管理法则,为下一步的应用打下扎实的基础。为了加深学生对法则实践能力,结合学生的实际情况,让学生使用四象限法则处理学习生活中的事件,提升学生的时间管理能力。

【活动拓展】

(1) 日常打卡。

从现在开始,每天早上先列出自己今天要完成的最重要的一件事情,记录完成情况。在小打卡中完成打卡,坚持21天。

(2) 记录成果。

通过一段时间的打卡,对比自己每天的进步,记录取得的成果,在班级进行经验分享。

设计意图:把所学知识与技术运用起来,解决学习生活中出现的问题,提高时间使用率,并养成良好的习惯。

【小贴士】

(1) 情景剧部分可以结合班级实际情况加入不同的内容,以尽量贴近学生的真实状态为好,熟悉各项流程,可借助小卡片提示主持稿。

(2) 注意各个环节的衔接和时间的把控,尤其是情景剧要严格控制时间。

(指导老师:佛山市顺德区勒流职业技术学校:周玲)

案例11：即时性教育之手机管理

我与手机有个约定
——手机管理活动方案设计

佛山市顺德区勒流职业技术学校　王　燕

【活动背景】

为深入贯彻执行国家教育部办公厅印发《关于加强中小学生手机管理工作的通知》，学校要通过多种形式加强教育引导，将手机管理纳入日常管理，制订具体办法，让学生科学理性对待并合理使用手机，避免简单粗暴管理行为。本班学生正处于临近学生专业技能考证重要时刻，但部分学生依旧存在沉迷手机、上课精神状态差的问题，为引导学生放下手机，心无旁骛，专心学习，结合本班实际情况，我设计了"我与手机有个约定"的手机管理活动方案。

【活动目标】

（1）认知目标：掌握手机管理的具体要求。
（2）情感目标：认同手机使用的利弊，增强正确使用手机的意识。
（3）行为目标：执行班级手机管理公约条款，养成良好的手机使用习惯，做好手机的主人。

【活动准备】

（1）排练小品《我和我的手机恋人》。
（2）制订好手机管理条例预案。
（3）提前辅导班长担任法官，两位副班长担任法官助理。
（4）学生抽签决定身份：原告学生代表队及陪审团，被告手机代表队及陪审团。
（5）布置调解现场。

【活动时长】

1课时。

【活动流程】

一、环节一：情景再现，立案调解

（一）小品表演　初见矛盾

部分学生表演小品《我和我的手机恋人》，其余同学观看小品，并提练案件关键词。（剧本见附件）

（二）梳理案因　立案调解

法官团陈述案件概要：原告与被告手机"相恋"后，难舍难分、不眠不休的日常画面为因，再以沉迷手机恋人后上课精神不集中、状态萎靡，跑步晕倒，考试屡屡垫底为果，最终原告气急败坏，走上法庭；宣布今日班级法庭开庭，立案调解。

设计意图：通过小品情景再现，让学生作为旁观者，又作为法庭调解的参与者围观自己与手机"热恋"的点滴，通过一个个与手机相处的日常片段，让学生意识到沉迷手机已经给我们学业和身体造成了严重的危害，如何正确使用好手机是我们迫在眉睫需要面对和解决的问题。

二、环节二：开庭调解，解决纠纷

（一）原告陈述　表达观点

（1）我很想学习，是被告"勾引"我；
（2）我很想运动，是被告"拖住"我；
（3）我很想交朋友，是被告"占有"了我；
（4）结果大学梦破碎了，身体素质差了，昔日好友亦疏远了……

（二）被告陈述　表达观点

（1）学习上，我辅助你改变学习方式，开拓视野（手机上有很多关于汽修专业的论坛，可以学到书上没有的最新知识，不跟社会脱节），促进自主学习。
（2）朋友交往上，我可以让交往模式变革，在保护隐私权的同时，让你更好地表达自我。
（3）生活上，各种衣食住行 APP 可以方便快速解决，不出门就能办很多事儿，而且可以娱乐解压，更可以健身打卡。

（三）大众陪审　分析案情

（1）原告为何会如此沉迷于被告手机恋人？
（2）原告与被告之间到底出现了什么问题？
（3）原告与被告手机恋人应如何相处？

（四）法官梳理　化解矛盾

基于原告、被告的陈述以及大众陪审团的讨论，法官团裁决分为两个方面。
（1）原告本人要学会承担责任，改掉不良学习习惯和惰性思维，提升自我管理能力；
（2）被告手机恋人卸载不良 APP，同时下载手机管家对每天紧急而重要的事情设置提醒；下载学习软件，每日半小时进行相关专业学习和拓展。

设计意图：通过法庭审理的模式，了解为何与手机恋人难分难舍的原因，通过双方观点的陈述及陪审团的讨论梳理，让学生反思与手机的相处模式，学会用辩证的眼光去看待和使用手机，不要被手机恋人奴役和操控，应该对手机有绝对的自主管理权。

三、环节三：民主协商，制订规则

（一）班任倡议　提出草案

（1）专业考证倒计时 35 天，班主任发出倡议，为了大家不再沉沦于手机恋人，影响复习，影响未来的高职高考，大家一起制订班级手机使用管理条例，与我们的手机恋人来个约定。

(2) 打开提前准备好的班级手机使用管理条例草案，班级同学一起阅读，提议，修正。

(二) 讨论修正　出台条例

(1) 先通过分小组讨论，提出修正方案，然后汇总，班级讨论通过，举手表决，形成最后的手机管理正式条例；

(2) 具体班级手机使用管理条例见附件。

班主任总结：现在，手机是我们生活中必不可少的恋人，衣食住行都离不开它，但无节制使用手机，影响视力甚至损伤眼睛，更容易导致颈椎出现问题，还会长斑，长痘痘，沉迷其中无语言交流，易发生人际交往障碍。希望所有同学都能理智使用，共同遵守我们的约定！

设计意图：趁热打铁，形成师生认可的手机使用公约，共同执行，鼓励学生做好手机的主人，认真学习，努力通过专业考证，入读大学，成为有理想、有本领、有担当的社会主义建设者和接班人。

【活动拓展】

结合班级手机使用公约，利用图表的方式细化手机使用时间，场合，制作契合自己实际情况的手机使用计划表。

设计意图：根据每位同学自己的实际情况，细化手机使用时间，制订出契合自己手机使用计划表，每日监督完成情况，合理用好手机，改掉沉迷手机的习惯，更快地进入复习状态。

【小贴士】

(1) 开庭环节，班主任可以提前分好组，有意识地让自律的同学扮演被告，让沉迷手机，学习受影响，心理懊恼的学生扮演原告，其他无角色的同学都可设定为大众陪审团成员，全员参与，代入感更强，效果会更好。

(2) 活动时间有限，班主任可以根据学校手机管理规定，结合本班实际，提前准备好班级手机管理条例草案。

附件：小品《我和我的手机恋人》

1. 主要人物

手机主人：刘天，校田径队成员，阳光义气，游戏迷；

2. 场景

教室、操场、宿舍、家中客厅等。

3. 情节

高二学生刘天性格开朗，阳光，还是校田径队队员，暑期在外打工赚取 2 000 元，给自己买了一部心仪的手机，微信、游戏，每日畅游其间，手机如恋人般爱不释手，无法割舍。白天教室考证复习训练期间，别的同学用手机刷题，他偷偷玩游戏，被老师批评警告，口头承认错误，转身便置若罔闻；体育活动课，操场边小树林的角落都是他与手机"热恋"的影子,同学喊打球也置之不理。宿舍熄灯了,刘天躲进被窝继续与手机"恋爱"至凌晨,田径队训练迟到,无精打采,被教练批评,却不思悔改。回到家,关上房门,书包一丢继续拥抱手机爱人,家务不帮忙,吃饭父母催,日复一日,因其荒于训练,勤于手机,身体素质下降,考核跑操时晕倒,被田径队教练劝退。考证复习测试也是屡屡不合格,成绩垫底。老师批评,父母生气责备,一连串地挫败让这个曾经的阳光男孩失落,难过,他盯着手机,他气急败坏地喊出:"都是你惹的祸,我要告你!"

(指导老师:佛山市顺德区勒流职业技术学校:周玲)

案例12：即时性教育之冲突处理

想出手时慢出手　有效沟通解冲突
——学生冲突处理活动策划案

济南电子机械工程学校　吴恩英

【活动背景】

班级是学校进行教育、教学工作的基层组织，它与一个学生的学习、生活关系最密切。良好的班风是一种潜移默化的教育力量，能够极大地增强学生的集体荣誉感和责任心，并激发他们积极向上的力量。

中职学生正值心理及社会性能力快速发展时期，良好的同伴关系能够满足中职学生的情感需求、保证中职学生健康成长，更有利于班集体建设。在年龄上，他们正处于青春期，情绪变化突出，常常稍遇刺激便爆发，容易产生冲突，影响学习和生活，而有效沟通是预防冲突和助力成长必须经历的第一课。

【活动目标】

（1）认知目标：充分认识到冲突事件，及发生冲突后需承担的法律责任，以及在冲突事件后需要付出的成长和人生的代价。

（2）情感目标：深刻认识到冲突对自己和他人身心造成的负面影响，激发学生寻求避免发生学生冲突的意愿。

（3）行为目标：通过学会情绪管理和有效沟通，消除矛盾因素，化解矛盾冲突，形成良好的同伴关系，增强认同感和集体荣誉感。

【活动方法】

调查问卷法、情景模拟法、朋辈示范法。

【活动准备】

（1）教师准备：
①设计调查问卷；②向学校法律顾问咨询与学生冲突相关的法律处理规定；③参考书《我就是你啊》；④留言便签和笔若干。

（2）学生准备：
①全班同学分为4组，分别给小组命名；②填写调查问卷；③创作校园情景剧：《不服来战》。

【活动时长】

1课时。

【活动流程】

一、环节一：游戏破冰，弱化冲突因素

游戏体验：爱的抱抱团。

游戏规则：全班学生围成一个大圈，根据老师随机发出的阿拉伯数字口令，学生迅速按照老师的口令需求找到相应数量的参与者并抱团。

本轮游戏共计进行3次（可以通过观察学生状态适当增加1次，但不宜过多），最后一次发出的数字口令刚好是全班的人数。

设计意图：运用小游戏，拉开班级活动的序幕，活跃课堂气氛，缓和冲突双方情绪，营造有利于教育引导的氛围。

二、环节二：情景引导，认识冲突危害

（1）赏一赏。

全班师生共同欣赏学生创演的情景剧《不服来战》。情景剧主要内容为：小智和小杜两名学生因琐事发生口角，吵得不可开交。在争吵中，小智略输一筹，气急败坏之下，挑衅道："不服来战，有种你继续打我呀！"语音未落，小杜一拳打到小智的左脸上，小智哪肯吃亏，一脚踢回去。双方越打越起劲，旁边的同学还煽风点火……

（2）猜一猜。

引导学生猜想：请您猜一猜，小智和小杜在大打出手后，产生什么后果？

（3）结一结。

教师小结：这是发生在我们身边的一个真实案例。冲突发生之后，小智和小杜身体上都有不同程度的受伤，其中，小智左脸被打肿，眼镜被打烂，他好几天不敢回学校，担心被报复。

由此可见，如果不合理化解矛盾，而是通过暴力解决，只会两败俱伤。如若继续复仇，恶性循环，后果不堪设想。

设计意图：通过贴近学生生活的情景剧、视频片段，结合学生课前思考，引导学生充分认识冲突事件给学生带来的身心伤害。

三、环节三：辩论思考，学习冲突代价

（1）辩一辩。

通过课前调查问卷的了解，教师组织学生辩论，全体师生观摩正方和反方针对冲突问题的激烈辩论。

正方辩题：遇到学生冲突，要以牙还牙，不能吃亏。

与同学发生冲突，就要以牙还牙、以暴制暴，不然他们会觉得我好欺负，以后再来欺负我怎么办？第一次就要让对方知道我的厉害，从此再也不敢欺负我，打他个落花流水，过瘾！

反方辩题：遇到学生冲突，要忍气吞声，大事化小。

与同学发生冲突，我了解过把对方打伤是需要打人的一方赔钱的，有可能还会惊动警察。被打的往往都是打人的，吃一次亏没事，忍忍就过去了。只要别把事情搞大，宁愿选择吃亏。

(2) 选一选。

请学生依据正反双方的论点及论据做出支持哪一方的选择：支持哪一方就站在哪一方的后面，如果都不支持则站在双方的中间位置。

学生站位结束后，教师分别从三个队列中随机选一个学生进行访谈。

(3) 结一结。

教师小结：以牙还牙的弊端是发生冲突的学生双方都受伤，忍气吞声的弊端是对被打者心理造成很大创伤、打人者更加变本加厉。由此可见，冲突发生之后，无论是以牙还牙还是忍气吞声，都不是解决问题的最佳方式。

设计意图：通过辩论赛的形式，让学生认识到目前通常采取的办法不可靠，激发学生进一步寻求解决办法的内驱力，为下一环节做好铺垫。

四、环节四：有效沟通，避免冲突激化

(1) 读一读。

班级全体共读《我就是你啊》推荐章节，学习思考书中提供的冲突解决策略。

(2) 理一理。

通过学习，书中应用了心理学中的"费斯汀格法则"，在老师的指导下，两位当事学生根据书中策略再次解决发生的矛盾，当事人和部分学生分享"同一个事件会出现两种完全不同的结果"的感受。

(3) 结一结。

教师小结：在遇到人际冲突和危机时，通过从了解对方的角度考虑问题，管理好自己的情绪，用倾听、认同、共识智慧化解冲突，实现共赢，收获和谐的人际关系，让沟通成为化解矛盾、促进成长、优化关系的润滑剂和助推剂。

设计意图：通过共读，找到预防、避免、化解冲突的合理策略和途径，强化学生内心体验，增强彼此认同感和群体归属感。

五、环节五：情感升华，增进同伴关系

青春约定，同唱一首歌：手牵手，大声同唱一首歌《朋友》，体会同学之前的朋友情谊。

设计意图：歌声可以传递能量，合唱《朋友》将本次活动推向高潮，进一步深化同学们对于同学情谊的珍惜。

【活动拓展】

(1) 三周内阅读书籍《我就是你啊》，并在班级美篇号里分享自己想对同学说的话。

(2) 一个月后组织《爱要大声说出来》主题班会，提前拍摄与同学学习、娱乐、活动的照片，制作短视频。

【小贴士】

(1) 真实冲突在课堂再现，要保证当事人双方冲突已经化解，并提前沟通征得当事人双方同意，整节班会课让二位全程参与策划。

(2) 要保证辩证活动环节开展顺利，要在课前调查问卷中设置相关题目，学生能做到

提前思考和搜集素材。

（3）本活动中选择《我就是你啊》一书，作者皮埃尔.佩利希耶通过讲述一个古老处世的故事的形式，让我们看到我们内心的恐惧和愤怒，学会安抚自己的情绪、安抚他人的情绪，在利己利他的沟通过程中化解冲突学会共赢。全书情节学生易懂、内容不枯燥，还可以参考的书籍有《非暴力沟通》《如何与人有效沟通》《沟通的艺术》《人际沟通与交流》等。

（指导老师：佛山市顺德区勒流职业技术学校：周玲）

案例13：即时性教育之目标制订

确定优质目标，助力梦想启航
——开学第一课班级活动

佛山市顺德区勒流职业技术学校　廖碧云

【活动背景】

党的二十大报告强调"青年强，则国家强"，指出"当代中国青年生逢其时，施展才干的舞台无比广阔，实现梦想的前景无比光明"，对广大青年提出了"立志做有理想、敢担当、能吃苦、肯奋斗的新时代好青年"的重要要求，充分体现了党对青年一代的亲切关怀和殷切期待，为青年一代健康成长指明了努力方向。

本班是新组建的的升学班，但是学生的学习状态不佳，学习自律性欠缺，就其原因分析，主要是目标感容易缺失，学习动力不足。因此，开展本次班级活动，目的在于帮助学生明确学习目标，尽早进入学习状态并确定具体目标，启航梦想。

【活动目标】

(1) 认知目标：理解 SMART 目标管理原则，掌握确立学习目标的方法。
(2) 情感目标：认同优质目标制订的重要性，增强自觉投入学习的意识。
(3) 行为目标：运用 SMART 目标管理原则分步确定目标，落实目标。

【活动方法】

情感陶冶法、实践锻炼法、直观演示法、情景体验法。

【活动准备】

(1) 教师准备：多媒体课件、发布 SMART 目标管理原则微课、分小组、指导各小组完成分享的海报和解析、制作任务清单、制作两个没有嘴巴的人头像、红包、福签等。
(2) 学生准备：学习 SMART 目标管理原则微课、之前定下的学习目标、纸、笔。
(3) 各小组准备：结合具体例子解析内容并提前制作海报：
1) 1 组负责解析什么是 SMART 原则；
2) 2 组负责解析 S；
3) 3 组负责解析 M；
4) 4 组负责解析 A；
5) 5 组负责解析 R；
6) 6 组负责解析 T。
(4) 布置课室：打扫课室卫生、贴对联、挂灯笼等装扮年味。

【活动时长】

2课时。

【活动流程】

一、环节一：趣味游戏知目标之重

（1）进行贴嘴巴游戏。教师在黑板上出示两个没有嘴巴的人头像，邀请两名同学为两个人头像贴上嘴巴，其中一名同学戴上眼罩，另一名同学不戴。

（2）引发思考。学生观察两位同学贴嘴巴的过程和结果，思考问题：

1）两位同学贴嘴巴结果不一样的原因。

2）用一句话概括游戏中目标和成功之间的关系。

（3）学生自由交流与分享观点。

设计意图：通过观察不同行为导致的不同的游戏结果，帮助学生明白确立目标的重要性——做事情有目标效果会更好、更高效地完成任务。

二、环节二：案例分析探目标之法

（1）成果汇报。根据活动前发布的《SMART目标管理原则》微课和任务清单安排，各小组轮流汇报学习成果。结合具体实例分别详细讲解什么是SMART原则；各个字母代表什么意思。

（提示：SMART原则是一款用于设定优质目标的思维模型，是用5个单词的首字母组合而成。运用具体的、可测量、可实现、相关性、有期限这五个因素来审视目标，提高目标，设定质量，从而提高做事效率。S代表具体的，指要给出好的具体标准，才能够按照这个标准去落实执行。M代表可测量，指在制订目标时要求尽量量化，不能量化的也要有比较明确的行为描述。A代表可实现，指目标是可以实现的，同时也具备挑战性的、跳一跳能够到的。R代表相关性，这个目标是否与自己相关。T代表有期限，给目标完成设置明确的时间界限。

（2）实战演练。根据SMART目标管理原则的内涵，学生分组探讨以下两个目标是否为优质目标，派代表说明理由。

目标一：本学期，我希望语文期末考试前进8名。

目标二：我想成为一名优秀的学生。

分析提示：

目标一更加符合优质目标的标准，根据SMART目标管理原则五大因素分析如下（表2-8）：

表2-8　SMART目标管理原则五大因素分析

	目标一：本学期，我希望语文期末考试前进8名				是否优质目标（是）	
SMART原则五大因素	S（Specific）具体的	M（Measurable）可测量	A（Attainable）可实现	R（Relevant）相关性	T（Time-bound）有期限
具体分析	语文期末考试进步8名	进步8名	进步8名	本人	本学期
	有明确并具体的目标	数据可量化体现	目标切合实际，跳一跳，够得着	与确定目标的人是否相关	有规定的时限

目标二不是优质目标,根据 SMART 目标管理原则五大因素分析如下:该目标没有具体的实施内容,优秀的标准含糊不清,没有一个可测量的标准衡量是否达标,更没有规定时限。

(3) 教师小结。针对学生的困惑,教师给出具体建议。

1) 减少目标,分清主次。

2) 树立明确目标。

3) 目标应切合实际,跳一跳,够得着。

4) 目标要具体(可量化,有时限)。

设计意图:用著名理论引导学生用科学的思维综合考虑问题。学生展示讲解后,结合具体例子说明,帮助学生进一步理解 SMART 原则的五大要素的内涵并能正确运用。

三、环节三:实践演练定目标之措

学生根据 SMART 目标管理原则,制订本学期的优质目标,填写目标卡(表 2-9)。

表 2-9 目标卡

目标:			是否优质目标( )		
SMART 原则五大因素	S 具体的	M 可测量	A 可实现	R 相关性	T 有期限
目标					
目标达成奖励:					
目标不达成惩罚:					

设计意图:一方面,结合自身实际,灵活运用 SMART 原则帮助学生制订出更加科学有效的学习目标。另一方面,提高学生知识融会贯通能力,考查学生对 SMART 原则的理解和内化情况。

四、环节四:同伴约定促目标之达

(1) 各小组组员在组内轮流大声读出自己的目标,其他组员根据 SMART 原则给出恰当的建议。

(2) 学生综合其他组员的建议,修改、形成最终的目标卡,在目标卡上签署姓名并盖上指印。

设计意图:通过大声读出自己的目标,不仅能提高自信心,激发学生内心的热情,还能在学生群体中形成相互监督,相互鼓励的良好风气,携手完成既定目标。

【活动拓展】

【自写期待奖状】

学生在空白奖状上写下自己本学期最想获得的奖项,签名并按上自己的手印,完成后将所有学生的期待奖状整齐张贴在课室的荣誉墙。学期末举行颁奖仪式,表彰目标实现的学生。

设计意图:通过自写期待奖状活动,将目标可视化、可持续化、可监督化,增强仪式感，激励学生为实现目标时刻奋勇前进。

【小贴士】

（1）环节三中各小组的成果汇报形式可以是多样的，如海报、课件、小视频等皆可。

（2）拓展活动环节，可以改为时间胶囊、我的梦想、我未来的名片等形式。

（指导老师：佛山市顺德区郑敬诒职业技术学校：李慧文）

第四节　职业指导类班级活动

职业教育是国家人才多元培养体系的重要组成部分，旨在培养技能型、应用型人才。职业指导类班级活动是指培养学生良好的职业道德、职业素养和职业行为习惯的班级活动，目的在于有针对性地帮助学生认识自我，了解社会，了解专业和职业，传承奋斗精神，增强职业意识，引导学生做好职业生涯规划，树立正确的职业理想和职业观、就业观、创业观，根据社会需要和自身特点选择职业发展方向，顺利实现就业、创业或升学。例如一年级组织学生开展职业生涯规划班级活动，三年级组织学生开展实习动员、面试礼仪等班级活动。除此之外，班主任还可以通过组织学生参与志愿服务、专业实践等活动提升学生的职业能力。

案例1：职业生涯规划

确定方向　矢志远航
——新生职业生涯规划主题活动
湛江财贸中等专业学校：尹日萍

【活动背景】

《教育部人力资源社会保障部关于加强中等职业学校班主任工作的意见》文件中指出："中等职业学校班主任要认真履行好职业指导工作，教育、引导学生树立正确的职业理想和职业观念，形成良好的职业道德，提升职业素养与职业生涯规划能力。指导学生根据社会需要和自身特点选择职业发展方向，顺利实现就业、创业或升学。"因而在新生入校之初，学生与家长对专业方向以及未来发展都不是十分了解的情况下，班主任开设一次专门的专业介绍与学生发展规划的主题活动很有必要。正所谓好的开始就是成功的一半，只有让学生和家长清晰了解所选专业，才能让学生中职三年能够安心学习，并结合自身条件去制订切合实际的规划。有了目标才会有动力，有了清晰职业规划，学生的中职三年才会去努力充实的度过。

【活动目标】

（1）认知目标：了解专业内容以及行业前景，初步学习进行职业生涯规划的方法。

（2）情感目标：认同职业生涯规划的重要意义。

（3）行为目标：让学生能清晰认识自己，能精心地去设计制作自己的中职三年规划。

【活动方法】

榜样示范法、合作学习法。

【活动准备】

（1）联系本专业合作企业负责人、合作大专院校的负责人和三个已毕业学生代表（最好是升学、创业、就业三类各选一个），约定时间，提前做好发言准备。

（2）下载当下新闻热评的中职生成功案例视频，升学、就业、创业内容各选一个。

（3）会前调试好电子设备，采取全程开直播的方式，以便家长能够进入直播间参与活动。

【活动时长】

2课时。

【活动流程】

一、环节一：典型案例分享（15分钟）

播放新闻广为报道的中职生经过自身努力，逆袭成功人生的三个案例视频。三个案例分别是：

（1）扬州旅游商贸学校谢晓龙同学在2023年江苏省职业院校技能大赛烹饪赛项获得一等奖，被保送至扬州大学烹饪学院就读。

（2）新闻"中职生逆袭上本科，东莞多所职校春季高考传捷报"。

（3）福州中职至诚学院毕业的林金培同学创办校园旅游营收百万。

学生观看视频，自由发表感想。教师引导学生分析不同案例主人公身上具备哪些特质，帮助他们走向了成功。

设计意图：让学生和家长认识到中职生的人生在自身努力下也可以取得很大的成功，让学生对中职毕业生的不同人生走向有一个初步了解和规划，认识到"不同的赛道，同样的精彩"。

二、环节二：专业前景介绍（30分钟）

由校企合作单位的负责人介绍专业的行业前景、公司实力、招聘的要求以及实习的待遇等学生和家长最为关心的行业实际；由学校专业负责人介绍本专业的升学途径。在介绍过程中，设置专门的环节供学生现场提问、家长在线提问，企业负责人和专业负责人进行答疑解惑。

设计意图：让学生和家长能清晰地了解专业内容设置与规划，相信学校的实力，让学生坚定其所选专业。邀请家长通过直播参与活动的目的是家长的意见在学生的职业生涯规划中起到十分重要的作用，学生的未来发展方向需要得到家长的认同和支持。

三、环节三：榜样介绍经验。（30钟）

邀请学校本专业三位优秀毕业生代表（包括升学、就业、创业方面的优秀代表各一位）现场进行经验交流，学生和家长就感兴趣的话题来提问，由优秀毕业生现场答疑。

设计意图：本环节可以看作是第一环节的细化和引申，在第一环节树立了学生和家长对职业教育的全面认识和初步信心的建立的基础上，以身边的榜样为例，引导学生进一步了解和认同在专业发展中需要做出的努力、习得的知识技能和具备的素养。

四、环节四："理想达人"接龙（15分钟）

提供选项。老师在屏幕上给出性格、外貌、专业资格证、比赛、社会实践等相关的关键词。

思考需求。全班同学根据自己的意愿分成三组，分别是升学组、创业组和就业组。计时3分钟，学生独立思考自己未来想要成为的"理想达人"应该具备哪些特质，尽自己最大的努力去思考更多的特质，将思考的结果记录在课前分到的白纸上。

接龙比拼。每组排一条队伍进行5分钟的完美达人关键词接龙比赛，已经说过的词汇不能再重复。每组指派一个记录员来写下同学们的答案，游戏结束后每组评选出一个出词最多的同学作为"接龙小达人"。

总结归纳。班主任汇集各组学生的答案，总结选择升学、创业或就业不同方向的同学应该具备什么样的特质，才能为自己的美好未来添砖加瓦。

设计意图：学生将前几个环节树立的对专业发展前景的认知和优秀榜样的了解、认同落实到自身的发展实际上，以个人的发展目标为愿景，思考自己为了实现目标必须具备的特质，从而为更好地进行职业生涯规划奠定良好基础。

【活动拓展】

学生在职业指导专业教师的指导下完成"中职学生三年发展规划"。班主任和职业指导教师共同研讨模板供学生参考，同时鼓励学生自主创新。

学生完成职业规划后由班主任邀请评委对学生作品进行评比，评选出数份优秀作品进行奖励并在班内展示，供大家学习借鉴。

设计意图：引导学生重视自己的职业规划，精心设计打造自己的规划书并且能通过学习他人长处，不断地去修改精进自己的规划书。

【小贴士】

（1）本次活动仅仅是职业生涯规划的一个开端，重点是让学生了解中职学习的未来发展方向以及对应需要具备的条件及素质，在本次活动之后，班级同学在职业生涯规划课程老师的指导下进一步完成《职业生涯规划》，还可以推荐优秀学生参加文明风采比赛；

（2）企业负责人等嘉宾若不能来到现场，可以用现场连线的方式进行或者让嘉宾提前录好视频来进行现场播放。直播要保证设备、网络俱佳，才能达到预期效果。活动环节时长可适当调节。

（3）如果所带班级是"3+2"学制，在讲解专业前景环节可邀请合作的大专院校的负责人介绍大专院校的具体情况和转段考试要求等学生和家长关心的问题。

（指导老师：中山市现代职业技术学校：常莹）

案例 2：职业素养培养班级活动

明日栋梁就是我　我为社会添砖瓦
——立足岗位，奉献社会主题活动设计

【活动背景】

2021 年 4 月 26 日，习近平总书记在清华大学考察时强调："广大青年要肩负历史使命，坚定前进信心，立大志、明大德、成大才、担大任，努力成为堪当民族复兴重任的时代新人，让青春在为祖国、为民族、为人民、为人类的不懈奋斗中绽放绚丽之花。"在国家越来越重视职业教育的当下，职业中学学生将来在岗位上可以承担的、应承担的职责越来越重要，然而现今的中职学生对此感知不强。

【活动目标】

（1）认知目标：学生了解社会需要与工作岗位之间的关系，认识到自己的社会责任，并理解在职场中保持竞争力的基本原则。

（2）情感目标：唤醒学生对社会上各种工作岗位的尊重与敬畏，学生对自身社会角色的责任感以及对自身职业道路的危机感。

（3）行为目标：学生结合自己的实际情况和社会责任感，规划职业生涯，为自己立足岗位、奉献社会做准备。

【活动方法】

情境体验法；小组协作法。

【活动准备】

（1）布置学生周末在家观看纪录片《城市 24 小时》的深圳篇和武汉篇；

（2）学生扫码完成职业理想调查；

（3）分组：7~8 人为一组，设小组长；每组分发职业卡片，包括：客服、收银员、电梯驾驶员、代驾、飞机师、音乐家、护士、学生、客车司机、快递员、厨师、兽医、会计师、电器维修员、调饮师、面点师。

【活动时长】

1 课时。

【活动流程】

一、环节一：千街转物华　万户披星月

播放纪录片《城市 24 小时》的剪辑片段（1 分钟），教师提示学生留意每个职业在城

市的运转中发挥的不同作用，引出活动主题。

设计意图：唤醒学生周末观看该纪录片的记忆，并引出主题。

二、环节二：三百六十行　行行放光热

展示学生们职业理想调查结果，结合学生周末在家观看的纪录片《城市24小时》深圳篇和武汉篇，通过点评和延伸，鼓励学生继续为未来目标努力，并引出"社会由个人在各自岗位上工作而运转"的事实。

设计意图：通过以上手法，学生明白了社会、企业由各种岗位的合作组成，我们响应习近平总书记的号召成大才、担大任，关键在于在自己的岗位上奋斗。

三、环节三：枝难百日艳　河西易河东

情景创设：警察、空姐、医生、消防员、厨师几个岗位人员一起穿越到50万年前的原始社会，每组抽取并扮演一个角色。

提问：你们是否还能够继续从事自己角色的本职工作？如果不能，为什么不能？可以做什么工作？

每组派一名代表叙述自己的讨论结果，教师点评。

总结："一个人的工作，必须对他人有用处，才能为社会所需要"

设计意图：引导学生代入极端情景，凸显职业能力的本质是为社会服务、为他人服务的能力，为后面的环节作铺垫。

四、环节四：早莺争暖树　时代在召唤

创设情境：疫情结束，复工复产，以下社会需求（工作岗位）出现了，请将你手上相应的人才匹配上去吧。

每组扮演一家人才中介，手上有若干职业人才卡片（表2－10），对应投影上出现的各种职位空缺（表2－11），迅速判断手上的卡片是否适合并投档，先到先得。

表2－10　职业人才卡

职业牌							
客服	收银员	电梯驾驶员	代驾	快递员	飞机师	音乐家	护士
学生	客车司机	电器维修员	兽医	会计师	调饮师	面点师	厨师

表2－11　社会需求（职位空缺）

社会需要			
北方航空公司招聘： 大巴司机7名 飞机师7名	光大快递点大量快递堆积，急需6名人员快递员配送	本地流浪犬收容中心招聘： 兽医6名	源记西餐厅招聘： 面点师5名 调酒师5名
星星电器招聘： 维修工4名 客服人员4名	春兰老人院招聘： 面点师3名 护工3名	金闪闪财税事务所招聘： 会计10名	

投档及时并准确的小组相应加分。

所有职位投档结束后，引导学生检视手上剩余的职业人才卡片，思考：

（1）剩下的求职者（电梯驾驶员、收银员等）为什么被剩下了？

（2）"一招鲜人才"和"六边形人才"哪种更容易适应社会的需求？

（3）金闪闪财税事务所招聘会计10名，供不应求，各组手上还有什么人才可以应聘试试？

（4）对于这些岗位，应聘者除了固有的职业能力，还需要具备怎样的职业素养？

（5）我们作为中职生应该如何要求自己，使自己在将来不被替代，在岗位上成大才、担大任？

设计意图：倡导学生们选择岗位时顺应社会发展的需求，并持续学习，发展多维职业技能，增强职业竞争力；提示学生们提升职业能力的同时，应不忘注重自身职业素养的养成；激励学生正确认识自己的潜力和可能性。

五、环节五：总结

教师总结环节四的学生发言，并予以提炼、延伸，奖励高分小组。

【活动拓展】

对于自己的理想工作，试利用SWOT分析自己在这个岗位上的优势和劣势，为自己立足岗位、奉献社会做准备。

【小贴士】

（1）注重课前职业理想调查的设计，问题的设计应尽量通俗，旨在辅助学生梳理其就业方面的疑惑，并作为教师改编本方案的方向；

（2）改编环节四时，为提高学生参与的热情，首先应按本班实际情况修改"职业牌"和"社会需要"的内容，使用学生较熟悉的素材。其次，应扩展本环节游戏的趣味性和开放性；

（3）活动拓展中，同学们的SWOT分析结果，可作为本班就业相关的系列班级活动的设计灵感。

案例3：实习动员班级活动

整装上岗　从"心"开始
——实习岗前教育班级活动

佛山市顺德区郑敬诒职业技术学校　冯光华

【活动背景】

《职业学校实习管理规定》指出，中职生岗位实习是专业学习和技术技能训练的必经途径，是学生锤炼意志品质、提前熟悉岗位、引导融入社会的重要方式，必须高度重视、规范管理。在学生进行岗位实习前，开展一次具有针对性强和引导性的岗前教育班级活动，有助于学生在思想上做好充分的准备，建立符合实际的期望和积极的态度，尽快适应岗位实习单位的要求和目标，实现"学校人"到"职业人"的角色转换。

【活动目标】

（1）认知目标：知道"学校人"和"职业人"的异同，理解从"学校人"到"职业人"角色转换的重要性。

（2）情感目标：提高角色转换的意识，做好角色转换的心理准备。

（3）行为目标：寻找自己与"职业人"的差距，制订具体的行动措施，主动落实在生活中，实现角色转换。

【活动方法】

角色扮演法、任务驱动法、小组合作法。

【活动准备】

一、教师准备

（1）邀请实训指导老师陈老师开展专题讲座，沟通活动事宜。
（2）准备适量A4白纸、全开白纸、铅笔和彩色画笔。
（3）收集活动素材，制作课件。

二、学生准备

（1）分小组开展课前调研，完成两个任务。
1）采访本专业的毕业生或实习指导老师，了解实习的内容和实习常见问题。
2）上网搜集职场中经常出现的状况和解决方法。
（2）根据调研结果，各小组编排实习或职场事件情景剧。

【活动时长】

1课时。

【活动流程】

一、环节一：剧场表演找区别

(1) 剧场表演。学生根据课前的调研情况，每个小组轮流模拟一个职业情景剧，还原中职生在岗位实习或者职场工作中出现的一些典型事件。

(2) 学生思考。学生认真观看小品表演后，通过找茬的游戏，从社会责任、权利义务、人际关系三个方面，寻找"学校人"和"职业人"的区别（表2-12）。

表2-12　学校人和职业人的区别

	社会责任	权利义务	人际关系
学校人			
职业人			

(3) 教师小结。各小组上台展示找茬成果，教师根据小组的讨论成果进行评价和补充。

设计意图： 通过还原真实职业场景，激发学生兴趣，提升学生认同感，同时让学生初步了解"学校人"与"职业人"的区别。

二、环节二：自我画像知差距

(1) 自我画像。学生通过内省和观察，综合考量目前的学习、礼仪、技能水平等方面的表现，以此为依据，画出个人的职场自画像。

(2) 学生分享。邀请几位学生展示自画像并讲解画像中的关键要素。

(3) 教师对比职场人物的宣传照片和学生自画像的区别，引导学生思考原因和实现角色转换的重点。

（提示：角色转换的四个重点：第一，成长导向向责任导向的转变；第二，个性导向向团队导向的转变；第三，思维导向向行为导向的转变；第四，智力导向向品德导向的转变。）

设计意图： 通过自画像对比，学生更加真切明白自己与"职业人"的差距，从而更好地掌握角色转换的重点与重要性。

三、环节三：措施制订明方向

(1) 导师点拨。邀请实习指导老师陈老师针对学生模拟的情景剧中出现的职场状况给出指导意见，并对学生的角色转换提出具体建议。

(2) 头脑风暴。各小组讨论，积极探索顺利实现角色转换的方法，并针对四个转换重点制订具体的行动措施。

(3) 分享总结。分小组汇报讨论成果，并将行动措施张贴在班级心愿墙上。

（提示：实现角色转换应该重视以下几个方面：第一，增强个人责任感；第二，培养团队精神；第三，重视行为习惯养成；第四，注重品德修养。）

设计意图： 实习指导老师的现身指导示范，帮助学生更好地联系实际，制订更加接地气和具有操作性的行动措施。

【活动拓展】

（1）完善自画像。

根据行动计划，学生重新设计或者完善个人职场自画像，附上画像说明，并上交给班委。班委收集完毕后，将学生职场自画像张贴在班级文化墙上。

（2）评选优秀实习生。

学生踏实落实行动措施，认真完成岗位实习任务。定期对学生进行考核，评选月度优秀实习生。

设计意图：通过完善自画像，将角色转换的重点烙在学生心里，加强教育效果。此外，月度优秀实习生的表彰，一方面可以激励先进再接再厉，鼓励其他学生向优秀看齐；另一方面有利于帮助学生定期进行反思，及时调整行动方向。

【小贴士】

（1）考虑到学生的阅历有限，所以在学生的前期调研中，教师要及时涉入，给予充分的指导意见，帮助学生更高效地完成取材任务。

（2）指导学生做好小品的编排推进表，当发现学生遇到问题或者环节设置有漏洞时，及时提出修改建议，并引导学生合理分工，保证小品的质量，同时能调动更多学生参与到活动中。

（3）学生绘画水平参差不一，在自画像环节中，不需要硬性要求学生非常完美地完成一幅画作，引导学生能根据自画像大方表达内心想法即可。

案例4：面试礼仪班级活动

开启职场的大门，遇见更好的自己
——美容师模拟面试活动方案
广东省普宁职业技术学校：曲雪

【活动背景】

面试是学校人成为职场人的敲门砖，绝大多数企业都通过面试招聘人才。本班学生为三年级美容班学生，即将面临就业。该班学生已经掌握了专业的面护技能，对专业学习兴趣高，动手能力强，但缺乏系统性的总结和沟通技巧，通过活动让学生了解面试情境，更好的掌握专业岗位能力和求职面试技巧，增强学生自信心，学会根据企业要求和自身特点做好职业规划，从而提高求职成功率。

【活动目标】

（1）认知目标：让学生真切感受真实的面试氛围，了解面试环节及要求。

（2）情感目标：理解每个面试环节设定的意义，认同掌握面试礼仪将增加面试的成功率。

（3）行为目标：掌握专业岗位能力和求职面试技巧，学会根据企业要求和自身特点，做好职业规划，提高求职成功率。

【活动方法】

情境体验法；自主探究法。

【活动准备】

一、教师准备

（1）制订打印活动方案、流程，评分细则，统分表，嘉宾名签，应聘者上场顺序抽签号，面试测试题目，活动主题海报；

（2）邀请美容指导师对学生进行岗位应聘要求、面试礼仪、简历制作等方面的培训；

（3）申请美容实训室作为活动场地；

（4）邀请美容专业校企合作单位负责人担任特邀面试官嘉宾；

（5）学生自主报名，按班级总人数15%的比例筛选拟定应聘者名单（班级共40人，按比例选定6名应聘者）。

二、学生准备

（1）应聘者需在面试前完成个人简历的制作，服装、妆容、发型的穿配及出场顺序的抽签；

（2）主持人 1 名，负责现场的主持协调；

（3）统分员 4 人，负责分发收统评分细则，统分表及统分；

（4）场务 5 人，负责催场，布置活动场地，准备荣誉证书，纸笔，水，杯子，计算工具，教学一体机，桌椅，美容床，美容工具、物料，面试道具的布置使用，现场拍照，录视频；

（5）6 名应聘者在场外等待面试，按照面试的抽签顺序应聘者单独面试结束后可进入候场区通过招聘现场的直播视频观看场内其他应聘者的面试过程，等待专业能力现场比拼环节开始。10 名工作人员及班内其余 24 名作为面试官的同学现场参与招聘活动，面试官们根据应聘者的应聘岗位准备两个问题，一份祝福语。

【活动时长】

2 课时。

【活动流程】

主持人介绍到场嘉宾，活动流程，竞聘岗位，面试环节及要求。应聘者按照抽签顺序依次敲门进入开始面试。

一、环节一：自我介绍，互问互答

应聘者投递纸质简历，通过电子简历，进行 3 分钟的自我介绍，阐明求职意向。特邀面试官及扮演面试官的师生与应聘者就求职问题进行互问互答。例如"为什么会选择美容师这个职业？未来的职业规划是什么？"，"公司是否提供食宿？是否有培训深造的机会？"等。

设计意图：本环节学生通过制作简历，自我介绍，面试互问互答形式，对自己的以往学习经历进行归纳总结，了解面试的公司的情况和岗位要求。

二、环节二：专业能力，现场比拼

根据题目要求，应聘者现场拓客邀约，使用面试场地提供的设备物料，完成面部护理相关项目的实操，如鱼尾纹的护理，色斑肌肤的护理，面部点穴，面部刮痧等。面试官们现场评分。

设计意图：本环节主要测试学生的专业岗位能力，如拓客能力，面护技术水平，心理素质，应变能力及沟通表达能力。

三、环节三：创设情境，考验素养

专业能力比拼结束，应聘者在面试场地集中，过程中会发生以下情境：

情境 1：应聘者在未进入前，场务提前将面试小道具（纸屑、扫把、笔等物品）扔在较为显眼的地面上；

情境 2：安排学生在面试进行时给应聘者打电话；

情境 3：面试官故意将水杯碰洒在桌面上。

设计意图：小事见格局，细节看人品。通过本环节，让学生更加注重美容师职业素养及面试礼仪的培养。善于观察，举止得体，乐于助人，爱岗敬业等。

四、环节四：公布结果，崭露头角

（1）颁发聘用证书：根据三个面试环节的比拼，按成绩排名公布录取名单，颁发聘用证书。

（2）发表获胜感言：学生从自己观看参与的角度就前期准备、面试环节、礼仪、技巧、专业能力、结果等方面进行活动感受分享，评价面试者的表现并送上鼓励与祝福。

设计意图：通过模拟实战，对学生面试中的表现给予及时反馈。让学生直观看到什么样的人在面试中会获得成功。

五、环节五：多元点评，面试支招

（1）点评指导：特邀面试官对每位面试者进行点评与指导，对本次活动进行点评。

（2）面试支招：班主任根据活动过程进行总结，就自我介绍、能力比拼、考验素养等环节中提炼四个金点子：

1) 穿着打扮自然得体；
2) 自我介绍清晰明了；
3) 能力比拼沉着应对；
4) 留心观察眼勤手勤。

【活动拓展】

（1）人格测试，科学定位。

菲尔人格测试是很多大公司人事部门实际用人的"试金石"。完成菲尔人格测试，准确了解自己适合的求职意向，对求职岗位进行科学定位。

（2）完善简历，制订未来两年内的职业规划。

明确求职意向后，对个人简历进行更新，使其内容更加丰富，有吸引力。制订的职业规划内容要切合实际，且适合自身发展。而后根据自身需求进行专业技术提升。

（3）利用晚自习时间，邀约在校教师进行美容项目体验。

把在校老师当作自己客户群，进行拓客邀约，成功拓客者，根据拓客人数进行对应加分。顾客体验评价表根据评星等级进行对应加分，月累计加分最高者获得奖励。要求学生在过程中有针对性的提升个人专业技术能力。

设计意图：

（1）通过测试，学生对自己的求职岗位会有更加清晰的认识和选择。

（2）更新简历内容，制订两年的职业规划，可以让学生的职业目标更加清晰明了，促进就业稳定性。

（3）中青年群体的美容需求、质量要求都会高于学生群体，与学生未来就业的客户群体年龄相当。学生邀约教师，既能锻炼心理素质，增强拓客能力，又能提高技术水平，促使顺利上岗。

【小贴士】

（1）为了活跃气氛，在环节一自我介绍中，可挑选性格外向的同学进行开场。

（2）在面试活动体验中，既要表彰面试成功者，又要关注落选生。在活动结束后，给予落选学生适当的职业引导，发觉闪光点，增强他们的自信心（表2-13）。

表2-13 美容师模拟面试评分表

应聘人：	性别：	年龄：	主考人：	日期：
应聘职务：	建议职务：		联系方式：	

面试过程评价							
	询问事项及实操考核要求（仅供参考用）	评核要素/程度	特优	优	良	可	劣
自我介绍，互问互答	1. 请你用三分钟时间做简单的自我介绍	表达能力	5	4	3	2	1
	2. 在校期间是否参与社团活动或担任干部	专业知识与工作的匹配	5	4	3	2	1
	3. 你通常喜欢独自一人完成任务或经由团队	与他人之合作性（团队）	5	4	3	2	1
	4. 你对提高工作效率的看法	积极并接受挑战性工作	5	4	3	2	1
	5. 什么样的工作环境与主管是你无法忍受的	稳定性与工作耐力	5	4	3	2	1
专业能力，现场比拼	1. 现场拓客	话术表达沟通能力	5	4	3	2	1
	2. 束发；不留指甲及不涂指甲油；衣着干净，举止大方	个人仪表	5	4	3	2	1
	3. 产品，酒精，洗面巾，面盆等用具配齐；毛巾覆盖规范，包括包头巾胸巾；包头巾松紧适度，不可露出发际线；用具、双手消毒；根据皮肤类型正确选择护肤品	准备工作	5	4	3	2	1
	4. 洗脸手势及程序熟练，规范，动作轻柔，到位；清洁面部及颈部	清洁皮肤	5	4	3	2	1
	5. 动作符合按摩基本原理；动作娴熟，紧凑，不中断；力度适中，频率、节奏适宜；点穴准确，手法规范	面部按摩	5	4	3	2	1
	6. 动作符合按摩基本原理；动作娴熟，紧凑，不中断；力度适中，频率、节奏适宜	导入仪	5	4	3	2	1
	7. 根据皮肤类型选用合适的膜粉；手法规范，面膜厚薄均匀，平滑；清洗面膜干净，彻底，动作规范	敷膜	5	4	3	2	1
	8. 根据皮肤类型、问题选用化妆品	保养	5	4	3	2	1
	9. 微笑待客；用礼貌用语，"您好"，"请"，"谢谢"等；能适当运用礼貌手势服务；在操作过程中关心求美者的感受	服务	5	4	3	2	1
	10. 为求美者整理衣物；清理工作台保持环境卫生；如使用仪器，切记要断电	结束工作	5	4	3	2	1

续表

	询问事项及实操考核要求（仅供参考用）	评核要素/程度	特优	优	良	可	劣
创设情境考验素养	1. 面试场地地面有纸屑或笔等落在较为显眼的地方	观察力	5	4	3	2	1
	2. 面试过程中，突然电话想起	沟通协调力	5	4	3	2	1
	3. 面试官的水杯碰洒在桌面上	助人精神	5	4	3	2	1
	4. 服饰、发型、站姿、坐姿	面试礼仪	5	4	3	2	1
	5. 面试结束离场，桌椅摆放	个人习惯	5	4	3	2	1
1. 希望薪资： 元 2. 预计报到日期：		得分（60分以下不予录用）：					
面试人评定	优点						
	弱点						
	□拟录用 □备取 □不录用						
					面试人签名：		

（指导老师：中山市现代职业技术学校：常莹）

案例5：志愿者服务活动

赋能银龄　志愿助老
——社区志愿服务主题活动设计

长沙高新技术工程学校　王艺华

【活动背景】

习近平总书记在庆祝共青团成立100周年大会上的讲话中指出，要广泛开展青年志愿者等一大批青春气息浓烈的创造性活动。志愿服务是德育的重要载体，依据现代家政服务与管理专业注重服务的特点，班级把志愿服务纳入班建计划，本次志愿助老活动是班级"志愿服务100小时"特色活动的一部分。家政服务专业的学生，技能社会实践机会不多，受社会、家庭等不同程度的影响，存在感情漠然、自私自利，以个人为中心的现象。组织学生深入城乡社区，开展老年志愿服务与社会实践，弘扬志愿者精神，有助于培养学生细心、耐心、爱心的职业素养，实现技能成长、技能报国。

【活动目标】

(1) 认知目标：知道志愿服务的意义，明白青年参与志愿服务的使命。
(2) 情感目标：感悟奉献有爱的志愿者精神，传承孝老爱亲的传统美德，培养细心、耐心、爱心的职业素养。
(3) 行为目标：传承发扬志愿者精神，志愿躬行。

【活动方法】

情感陶冶法、实践锻炼法、自我教育法。

【活动准备】

教师准备：与学生一起设计活动思路，带领学生深入社区开展调查，对学生分组指导，与社区进行活动对接。

学生准备：对老年人群开展智慧助老需求调查，制订不同服务方案与助老策略，进行资料准备，提前熟悉本次志愿服务的流程。

【活动时长】

2课时。

【活动流程】

一、环节一：立心明理，领会智慧助老的使命

(1) 共情共鸣：播放视频，智能化时代的到来，给我们生活带来的便利和由于"信息

落差"和"知识分割",老年人在享受智能化带来便利的同时,也遇到阻碍。学生产生情感共鸣,萌生智慧助老的强烈愿意。

(2) 志愿准备:深入社区,针对老年人群,开展智慧助老需求调查,统计分析调查结果,分组制订不同的服务方案与助老策略。

(3) 走进现场:社区负责人宣讲智慧助老国家政策,解说本次智慧助老活动的目的,欢迎学生来到社区老年大学,参加社区"赋能银龄,智慧助老"志愿者服务。

设计意图:共情共鸣,了解智慧助老的现状与政策,增强学生社会责任感与使命感,理解本次志愿服务的使命。

二、环节二:志愿躬行,体悟智慧助老的精神

(1) 按需选择。

各组同学简单介绍不同组的服务项目,社区老人依据自己的需求选择服务。

(2) 分组服务。

第一组:教授老人智能手机各个功能的使用(如拍视频、连接WiFi、视频通话、微信支付等)。

第二组:教授老人与日常生活息息相关的智能化需求(医院挂号、淘宝购物、买火车票、点外卖、日常出行等)。

第三组:教授老人智能家居、家电的使用(扫地机器人、按摩仪器、智能马桶等)。

第四组:教授老人如何预防电信网络诈骗(学生表演电信网络诈骗情景剧,ppt讲解防诈骗方法,赠送学生自画的防网络诈骗漫画宣传单)。

设计意图:依据老人的不同需求,学生以"讲解+演示+实操"的方式,开展智慧助老志愿服务,在志愿服务的过程中体悟家政专业的职业素养,培育学生细心、耐心、爱心的职业精神。

三、环节三:笃志润德,感悟志愿服务的收获

(1) 老人展收获:邀请现场老人展示自己今天学到的小技能,分享自己的所学与所感。

(2) 学生谈感受:学会代表分别从对此次智慧助老活动加深了对专业的认同与成就感,践行了尊老敬老爱老中华传统美德等方面谈感受。

(3) 社区做评价:社区工作人员对本次活动作评价,评价学生作为助老人的称职度,赞许学生帮助他人,服务社会的志愿服务精神与行为。

(4) 教师做总结:总结本次活动。

(5) 学生填写"志愿服务100小时"志愿服务项目单,累计学时认证。

设计意图:老人、学生、社区人员、教师分别对此次智慧助老志愿服务活动谈感悟收获,让志愿者精神内化于心,外化于行。

【活动拓展】

(1) 针对自己的长辈开展智慧助老行动,加深与家人的感情交流。

(2) 到更需要智慧助老的农村,开展志愿服务。

设计意图:将智慧助老志愿服务进行到底,延伸活动范围,升华活动寓意。

【小贴士】

　　活动前对社区老人使用智能手机和智能化产品的现状做好调查，与社区就活动细节加强对接，对活动进行细致策划，教师对学生准备的PPT、资料、图片要加强指导与审核。深入社区真正参与志愿服务，安全教育要先行，遇到紧急情况的处理要做好预案，还需加强学生坚持长期志愿服务的教育渗透。

（指导老师：佛山市顺德区勒流职业技术学校：郭俊）

案例6：感恩节实践活动

平凡英雄　感恩"手"护
——感恩主题活动

佛山市顺德区勒流职业技术学校　黎玉珊

【活动背景】

感恩是人类的一种重要情感意识，是中华民族的传统美德。习近平总书记在纪念五四运动100周年大会上的讲话中说："新时代中国青年面对美好岁月，要有饮水思源、懂得回报的感恩之心，感恩党和国家，感恩社会和人民。"

电商194班学生处于青春期，"00后"的他们有较强的自我意识，他们注重自己的获取和感受，较少注重他人的给予和感受。学生经常表现出以自我为中心的行为，倾向于把社会和他人对自己的关怀和帮助看成是理所当然的事情，对身边许多平凡人的默默付出麻木不仁、熟视无睹，不懂感恩。

【活动目标】

(1) 认知目标：了解感恩的范畴，知道感恩的方式方法。
(2) 情感目标：认同每一个值得感恩的平凡人的付出。
(3) 行为目标：将感恩落实到具体行动中，感恩每一个帮助过自己的人。

【活动方法】

自我教育法、游戏体验法。

【活动准备】

(1) 全班分为6组，每组7人。
(2) 布置学生分组搜集平凡人的故事，提交一张他们所搜集的平凡人的手部照片。
(3) 准备感恩树、纸牌等教学用具。

【活动时长】

2课时。

【活动流程】

一、环节一：共忆"手"护情

(1) 分享：各组代表分享自己带来的手部照片，并分享感恩故事。
母亲因为照顾家庭做家务变得粗糙的手；

爸爸在工厂从事体力劳动全是老茧的手；

奶奶因为干农活而满是裂痕的手……

（2）活动："手"护感恩树。

活动规则：

①每名同学领取两张便签纸，在树叶图案的便签纸上写上最想感恩的人，在花朵图案的便签纸上写上表达感恩的方式。

②分组上台，在感恩树上贴上树叶和花朵。

③教师随机抽取其中的 5 组花朵和叶片进行分享。

（3）教师小结：同学们写下的感恩对象大多是身边最亲近的人。感恩的对象其实是非常广泛的，可以是身边的人，也可以是遥远的人；可以是熟悉的人，也可以是陌生的人。

设计意图：从"手"的故事切入主题，同学们通过分享课前收集的照片共忆感恩，通过感恩树活动思考感恩的范畴和表达感恩的方式方法。

二、环节二：寻找"手"护者

（1）观看视频：《平凡英雄，感恩"手"护》。

视频展示了一双双为祖国和人们做出了贡献的手：

袁隆平院士捏着水稻的手、张桂梅校长贴满胶布的手、抗疫医护脱下手套后满是褶皱的手、建筑工人饱经风霜的手……

教师小结：视频中的人们，有你们叫得出名字的袁隆平院士、张桂梅校长，也有你们叫不出名字的抗疫医护人员、建筑工人。他们用自己的双手让我们能吃饱饭、能受教育、能拥有健康、能有温暖的家……他们那么平凡又那么伟大。

（2）活动体验：《缺一不可》。

游戏规则：学生分组搭建纸牌塔，不能借助任何外力，不能折叠纸牌。各组在 5 分钟内需要把纸牌塔搭建得尽量高。搭建完成后，教师选择纸牌塔最高的一组，抽取最下层任意一张纸牌，都会导致纸牌塔倒塌。

教师小结：世界需要英雄，也需要凡人。我们的社会就像这座纸牌塔，幸福稳定的生活离不开每一个人的付出。

（3）头脑风暴：我们的生活中有哪些平凡英雄？

在我们的生活中还有谁也付出了许多？他们值得我们感恩吗？为什么？

教师小结：世界需要每一个人的奉献，凡人也可以是值得赞颂的英雄。

设计意图：通过屏幕上一双双为社会做出了贡献的手，唤醒感恩意识。了解各行各业为社会的正常运作付出的艰辛劳动，并认同他们对社会做出的贡献。

三、环节三：牵手共感恩

（1）游戏："国王与天使"。

游戏规则：

①本游戏中，被感恩的同学是"国王"，表达感恩的同学是"天使"。

②老师给每一名同学发放一张"给国王的信纸"，大家选择一名最想感恩的同学，并将自己感恩的话写在纸上，折成纸飞机分组放飞。

③每组纸飞机最远的"天使"要在全班同学面前声情并茂地朗读感恩信的内容。

④念完后邀请一名学生猜猜国王是谁,如果猜中了,这三位同学一起来个爱的抱抱。如果没猜中,让"天使"邀请"国王"上台,手拉手表达感恩。

(2)教师总结:

投之以桃,报之以李。感恩是一种情操,一种美德,也是一种境界,一种素质。习近平总书记强调:"所有的人都要有感恩的心。"这不仅是要在全社会弘扬一种人心向善的风气,更是希望每个人都把感恩的心作为为人处事的一项基本品质。

每个人都应有一颗感恩之心,感恩党,感恩时代,感恩国家,感恩每一位帮助过我们的平凡人。

设计意图:引导学生善于发现身边的真人真事,让学生懂得感恩,并学会感恩。

【活动拓展】

"3个一"活动,感恩平凡的你:

在校园内遇到保安、清洁工、宿舍管理员、维修工人等默默奉献的人,向他们"送上一个笑脸""打上一个招呼""道上一声谢谢",表达自己的感恩之情。

设计意图:通过引导学生发现社会上默默无名的英雄,认同他们为社会发展和进步的点滴付出,并引导学生知恩在心,感恩在行。

【小贴士】

(1)课前分组搜集手部照片的活动,为避免小组间内容重复,可以给学生一定的方向引导。

(2)游戏:国王与天使,可以提前一周让学生寻找感恩对象,提前思考感恩词,避免课堂上学生一时写不出词语影响活动进程。如果游戏中出现男生和女生之间不好意思拥抱或牵手的情况,可以改为鞠躬致谢等形式。

(指导老师:佛山市顺德区勒流职业技术学校:郭俊)

案例7：专业实践活动

我是凉山"带货王"
——专业实践班级活动设计

佛山市顺德区勒流职业技术学校：周玲

【活动背景】

2020年4月20日，习近平总书记在陕西省柞水县金米村调研脱贫攻坚情况时表示，电商作为新兴业态，既可以推销农副产品、帮助群众脱贫致富，又可以推动乡村振兴，是大有可为的。

本班学生是电商专业二年级学生，已经掌握了广告设计、视频制作、直播带货等专业基础知识，但是尚未有机会将专业学习运用于实践。恰巧我校一位教师到凉山支教，为帮助当地农民实现乡村振兴，该名教师义务帮助他们销售丑苹果。为发挥学生专业特长，激发专业学习热情，我在班级开展了"我是凉山'带货王'"活动，让学生通过销售丑苹果感受专业魅力，助力乡村振兴。

【活动目标】

（1）认知目标：知道电商专业在推销农副产品、帮助群众脱贫致富方面是大有可为的。

（2）情感目标：感悟学好专业知识带来的成就感和价值感，认同电商专业在乡村振兴战略中的重要价值，增强专业学习的热情。

（3）行为目标：用好专业知识深度参与我是凉山带货王专业实践活动，并立志在今后的学习中更加努力学好电商专业相关知识。

【活动方法】

实践锻炼法、合作探究法、自我教育法。

【活动准备】

（1）联系学校支教老师，确定丑苹果货源及帮扶对象；
（2）提前制作丑苹果海报及短视频，通过班级抖音号、公众号发布；
（3）准备广告牌、展台等布场用品。

【活动时长】

2课时。

【活动流程】

一、环节一：带货誓师大会

（1）讲解活动意义

班主任讲解活动意义：习近平总书记在十九大报告中指出："农业农村农民问题是关系国计民生的根本性问题，必须始终把解决好'三农'问题作为全党工作的重中之重，实施乡村振兴战略。"作为电商专业的学生，参加丑苹果实力带货活动，利用自己的一技之长，切实参与到乡村振兴这一重大战略中去，是有重要的现实意义的。

（2）宣布活动规则

学生干部宣布活动规则：

①各组级长自行安排本小组的人员分工。建议每小组按布场、推销、财务、物流、宣传等岗位进行安排，保证人人有事做、事事有人管。

②以小组为单位，在规定时间内开展带货王PK赛，根据最终销售成绩评选"最佳带货王""最佳布场奖""最佳物流奖""最佳宣传奖""精打细算奖"等奖项。

（3）活动宣誓仪式

班长领誓，全班同学宣誓。

誓　　词

我来自电商4班，自愿加入凉山带货王团队，我将发挥专业特长、竭尽全力做好丑苹果带货。我承诺，丑苹果带货收入将如数转交凉山果农。

乡村振兴，我能行！

宣誓人：×××

设计意图：通过誓师大会仪式感，提升学生参与活动的热情，增强责任感。

二、环节二：实力带货PK

（1）限时布场PK。

各小组到组委会领取宣传牌等物品并对小组的摊位进行布置。布场限时10分钟。根据摊位的布置效果评选"最佳布场奖"。

（2）实力带货PK。

各小组成员各显神通，积极主动向学校师生推销凉山丑苹果，根据销售额评选"最佳带货王"。

（3）贴心物流PK。

各小组物流为有需要的师生提供送货上门服务，并获取顾客的评价，依据获得的星星数评选"最佳物流奖"。

（4）摄影摄像PK。

各小组摄影摄像负责人记录本小组的活动全过程，当天活动结束后，制作活动回顾视频，网络公开投票，评选"最佳宣传奖"。

（5）精打细算PK。

各小组财务人员在活动前到组委会领取丑苹果并清点数量，活动结束后清点丑苹果数量并结算当天销售额。以组为单位将销售额汇总到班长处。根据财务人员的工作准确度评选"精打细算奖"。

设计意图：各小组根据学生的个性与特长做好分工，能尽可能地发挥学生的主观能动性。通过躬身实践，参与丑苹果带货，深刻感悟学好专业知识带来的成就感和价值感，增强电商作为新兴业态大有可为的意识。

三、环节三：活动复盘、颁奖

（1）活动复盘。

每个小组派代表汇报活动中的所见所闻、体验及感受，摄影摄像同步展示活动精彩图片及视频。

班主任针对各小组的复盘作点评。

（2）活动颁奖。

依据各小组的具体表现，分别颁发最佳布场奖、最佳带货王、最佳物流奖、精打细算奖，颁发奖状。最佳宣传奖待线上投票结束后颁发。

设计意图：小组内部及小组之间通过复盘达成取长补短，提升学生综合素质；颁奖环节有助于通过及时的肯定激发学生的专业学习及实践热情。

四、环节四：升华总结

班主任就当天活动的参与情况、各小组的闪光点、需要提升的地方进行全面小结，对学生运用电商专业技能参与乡村振兴的责任与担当给予大力表扬，鼓励学生树立远大理想目标，将自己的个人梦与中国梦相结合，为国家发展做出应有贡献。

设计意图：进一步提升学生的专业责任感和自豪感，鼓励学生学好专业，成为有理想有本领有担当的社会主义建设者和接班人。

【小贴士】

专业实践活动既包括实习实训，又包括专业志愿服务等活动。实习实训活动通常由学校及专业部统一组织，班主任组织学生参与专业实践，可以引导学生应用所学专业参与志愿服务活动。例如，汽修专业可以开展汽车美容活动；设计专业可以开展美化乡村墙体彩绘活动；电子专业可以开展电器维修活动等。

每个专业有每个专业的特色，班主任需要认真研读《专业人才培养方案》，清晰专业培养目标，方可以有针对性地开展专业实践活动。每个班有每个班的班情，班主任必须了解本班学生现阶段专业技能的水平，方可有实效性地带领学生开展专业实践活动。

（指导老师：佛山市顺德区勒流职业技术学校：郭俊）

案例8：爱国卫生月活动

"爱"满校园 "卫"然成风
——爱国卫生月主题活动

江西省赣州市第一职业技术学校　邱素青

【活动背景】

今年是第35个爱国卫生月，为深入贯彻习近平总书记关于爱国卫生工作的重要指示精神，全面改善人居环境，倡导文明健康、绿色环保的生活方式，建设文明健康，整洁舒适的和谐校园，特开展本次活动。本班是全男生班级，思维活跃，动手能力强，但在平时的生活中比较缺乏健康意识。

【活动目标】

（1）认知目标：了解什么是爱国卫生运动和爱卫运动开展的方法。

（2）情感目标：认同开展爱国卫生运动的必要性，树立健康强国理念，强化主人翁意识。

（3）行为目标：能够积极参与校园和社区爱国卫生运动活动，践行爱国卫生运动，将健康理念转化为健康行为。

【活动方法】

说明教育法、自我教育法、实践锻炼法。

【活动准备】

（1）视频《爱国卫生的前世今生》《爱卫成果齐巩固》和爱国卫生运动竞赛知识，提前排练好爱卫知识手势舞。

（2）准备开展爱国卫生运动的宣传标语横幅和清扫工具。

【活动时长】

2课时。

【活动流程】

一、环节一："爱卫"运动我知道

视频激趣，了解爱国卫生运动"前世今生"

（1）播放视频《什么是爱国卫生运动》（视频来源于中国家庭报客户端）。

（2）学生看完视频，交流分享感受。

（3）教师小结：现在我们生活环境干净整洁，正是爱国卫生的观念深入人心。新时代开展爱国卫生运动要坚持预防为主，创新方式方法，倡导文明健康、绿色环保的生活方式，我们需要传承发扬这一优秀传统。

2023年4月是第35个爱国卫生月，将爱国卫生运动落实到日常生活中，今天开展《爱国卫生齐参与，健康生活乐享有》的主题班会。

设计意图：通过观看视频，增强对爱国卫生运动的了解，学生感受到健康强国，热爱家园的重要性，激发主动参与活动的欲望。

二、环节二："爱卫"理念我认同

（1）爱卫运动，从"爱"出发。

①照片对比，引学生共鸣。

出示我们身边的爱卫活动和校园卫生状况良好与差的图片。学生感受爱国卫生运动事关每一个个体的身心健康，涉及个人生活的点点滴滴。要从"爱"出发，树牢"爱卫不分你我"的共同体意识。

②视频播放，"真"爱动员。

播放视频《爱卫成果齐巩固》（视频来源于："630播报"）。明确爱国卫生运动要义在于全民动员，人人都发自内心爱祖国、爱健康、爱自己，健康文明生活方式真正贯穿每个公民生活日常，从而共同筑起健康生活的集体防线。激发"人人皆可为、人人皆能为"的主动性，促进人人齐动手，共参与。

（2）爱卫运动"卫"你到来。

①你我PK，爱卫知识知多少。

小组成员组织全班进行爱国卫生运动知识抢答PK赛，获胜者获得盲盒奖品。

②活动展示，爱卫知识强深化。

小组学生展示爱国卫生运动手势舞，用心去做，用心去爱，发挥主人翁意识，带头从个人小事做起，从热爱集体出发，人人都发自内心爱祖国，爱健康，爱自己，成为倡导者，参与者和实践者，健康文明生活方式才能真正贯穿每个公民生活日常，从而共同筑起健康生活的集体防线。

设计意图：通过强烈的图片对比，视频学习，让学生认识到爱卫运动，从爱出发，人人参与的重要性；开展小组活动，将爱卫运动理念内化于心，为下一步外化于行做好铺垫。

三、环节三："爱卫"行动我践行

学生小组选定组长、根据爱卫知识取组名；深入教室，校园，食堂，宿舍，开展落实爱卫活动，发现问题并进行改造行动。

（1）校园活动找问题。

①学生进入校园，查找校园各场所卫生问题。

②用手机拍摄视频或图片，分享到班级群。

③教师根据学生发现的问题进行分组。

（2）小组分享寻途径。

①学生回到教室，按发现的不同问题进行分享。

②教师引导学生思考不同问题的解决途径。

③各小组制订下一步行动计划。

（3）小组行动落实效。

【"重环保守护者"队】

守护教室：美化班级环境，清洁教室死角。

【"守绿色先行者"队】

深入校园：宣传垃圾分类，清除校园垃圾。

【"铸健康践行者"队】

走进食堂：倡导光盘行动，宣讲食品安全。

【"讲文明引领者"队】

来到宿舍：检查宿舍卫生，宣讲疾病预防。

设计意图：学生通过在熟悉的校园中发现问题、思考问题、解决问题的过程，爱卫运动的理念外化于行。在实践活动中将爱卫运动一项一项落实，培养学生的健康文明习惯，提升学生健康素养，健康理念。

四、环节四："爱卫"实践我推广

改造行动结束后，课件出示"爱国运动行事历"——每日做好卫生清洁，每周一次校园教室大清扫，宣传引导员和志愿者活动；参与爱国卫生运动手抄报和黑板报展示评比，班级爱国卫生运动活动微演讲；健康卫生知识竞赛PK等活动。

引导学生在接下来的一个月里，践行爱祖国、讲卫生、绿色低碳文明健康的新时代观念，共创健康人居环境，巩固创卫成果。

设计意图：通过实践体验活动深化学生文明健康新理念，持续活动的开展，落实到每天的行动中。

【活动拓展】

（1）开展"随手拍"活动，以图片视频等形式展示学生在学校和家庭中积极践行爱国卫生运动风貌。

（2）与社区联动，开展志愿者活动。

设计意图：通过持续性的活动，形成约束有力的班级监督机制，促进文明卫生习惯长效化；通过校社联动，共同践行爱国卫生运动，共享卫生健康理念成果。

【小贴士】

此次主题班会是根据我班全是男生的特点进行设计，他们思维活跃，动手能力强，大部分做事积极主动上进等优势，同时随着对爱国卫生月深入掌握和进一步领悟，可以更好地把这些特点落实到日常实践活动中，充分发挥自我的优势，利用集体带动个别学生的教育原则开展的一次主题实践活动。如您需开展此类活动，还需结合班级的学情特点，结合本校开展此类活动具体情况具体实施，以达到最优的教育目的。

（指导老师：佛山市顺德区勒流职业技术学校：郭俊）

第五节 协同育人类班级活动

　　协同育人班级活动是指班主任主动加强与学校相关部门、班级任课教师、家长、社区等的沟通而组织的班级活动，目的在于帮助相关方面全面及时了解学生表现，协同任课教师，帮助引导家长和社区配合学校做好学生的教育、管理和服务工作，形成教育合力，共同致力于学生的成长和提高。例如，开展家长学校，组织学生参加社会实践、劳动实践、实习实训等活动。

案例1：师生同乐

这个冬天不太冷，相亲相爱一家人
——包饺子师生同乐活动方案
佛山市顺德区郑敬诒职业技术学校：金鹏飞

【活动背景】

大寒小寒，吃饺子过年。我班学生在中职的第一个学习即将接近尾声，经过近一个学期的相处，师生间建立了初步的熟悉和联系，但还没有形成其乐融融的良好交往氛围。因此，我班决定以中国传统节气冬至为契机，开展师生同乐活动，增强班级凝聚力、促进老师和同学之间的交流和了解，培养师生的团队合作精神，同时让同学们感受到节日的温暖，并借此活动弘扬我国的传统饮食文化，引导老师和同学们以新面貌、新姿态投入到新一年的学习生活中。

【活动目标】

（1）认知目标：加强师生彼此间的了解，认识到团结协作的重要性。
（2）情感目标：促进师生间的情谊、增进同学之间的友谊，培养师生的团队合作精神，增强凝聚力。
（3）行为目标：在今后的学习生活中师生间能够加强交流和协作，形成理想的师生关系。

【活动方法】

活动体验法，小组协作法。

【活动准备】

（1）教师准备。
①准备饺子馅、面团、餐具、盘子、调味品、锅、电磁炉、勺子、擀面杖等物品；
②购买活动奖品；
③提供有关饺子的诗词给科任教师及学生背诵，为师生同乐活动做准备。
（2）学生准备。
①制作邀请函，邀请本班任课教师参加活动。
②合唱队同学选择一首合适的歌曲练习副歌部分，为师生同乐之猜歌我最牛环节做准备。
③各科科代表为科任老师写一封感谢信。

【活动时长】

2课时。

【活动流程】

一、环节一：小组协作，巧手包饺

包饺子比赛由每组8名成员共同参与，每组成员由一名教师和7名同学组成。各组根据组员能力特点分配擀皮和包饺子的任务，小组间开展包饺子比赛。计时15分钟，结束后各组清点饺子、登记数量。

设计意图：在包饺子的欢乐气氛中，通过师生并肩作战，加强师生间的合作交流，拉近师生关系，制造美好回忆。

二、环节二：多元评价，多方评饺

（1）组间评比。

根据在规定的时间内每组包出饺子的数量，评出第1名和第2名作为优胜小组，优胜小组可领取新春礼包。（可分几轮进行比赛，第一轮结束后每组安排专门人员开始煮饺子。）

（2）组内评比。

每个小组根据组内成员在规定时间内每个人包饺子的数量，计时结束后评出本组"最强快手王"，该名获奖者可领取精美小礼品一份。

（3）创意评比。

全体成员对所有的饺子进行观察，为自己认为包的最漂亮和最具有个性的饺子投票，评出"最美饺子"和"最佳创意"饺子，获奖者可领取新春礼包一份。

评比结束后，各组负责煮饺子的同学开始煮饺子。

设计意图：通过尽可能多元的评价标准评选优胜，营造开心、喜悦的氛围，并在这种喜悦氛围中加深对组内成员相互协作的重要意义的认同。

三、环节三：品尝成果，欢乐吃饺

所有成员品尝本组煮好的饺子的同时，开展师生同乐活动。

（1）快乐飞花令。

每个小组推荐2名成员（一名老师，一名学生）参加。

具体规则：主持人给出关于饺子的诗句中的一个关键字，各小组抢答。抢到的小组由老师背上半句，学生背下半句。

回答正确加10分。

（2）猜歌我特牛。

每个小组推荐2名成员（一名老师，一名学生）参加。

具体规则：由班级合唱队成员演唱歌曲中的几句，各小组猜歌名。以抢答方式开展。

回答正确加10分。

（3）趣味颁奖。

以上两个游戏在吃饺子的过程中穿插进行。同乐活动结束后，为获得前三名的小组颁发奖品。

设计意图：亲自品尝自己的劳动成果，体会团结协作带来的成果的乐趣，同时开展轻松、愉快的师生同乐活动，进一步增进师生感情。

四、环节五：真情表白，表达情感

（1）科代表声情并茂地对科任老师朗诵课前写好的感谢信，表达对科任老师全心付出的感谢。

（2）科任老师代表发言。

设计意图：通过表达感恩，增强科任老师的幸福感，培养学生的感恩意识，将师生感情进一步升华。

【小贴士】

（1）本次活动应在温馨、轻松、愉快的氛围下开展；

（2）科代表为科任老师撰写感恩信，应使用真事例、投入真感情，避免走形式。感恩信上可以请全班同学签名，在表白后将感恩信送给科任老师做礼物。

附件：关于饺子的诗句：

（1）有才何须多开口，万般滋味肚中藏。有缘伴君三杯酒，相逢一笑齿留香。

（2）俗客常笑撑船肚，知己方知腹中珍。牢骚太盛难容物，我辈岂是蓬蒿人。

（3）略同汤饼赛新年，荠菜中含著齿鲜。最是上春三五日，盘餐到处定居先。

（4）莫道离别愁几许，一饺此中揽。来年早归喜几多，吃饺话团圆。

（5）清水飘芙蓉，元宝落玉盘。饕餮世间味，最是此物鲜。

（6）冬至不端饺子碗，冻掉耳朵没人管。纪念医圣张仲景，千年习俗又流传。

（7）巧手捏出玲珑褶，皮薄馅大锅不沾。山西陈醋山东蒜，饺子浮沉几人馋？

（8）简物巧做世间形，玉盘珍馐腹中藏。饮酒留香味无穷，莫负良辰人间情。

（9）春前腊后物华催，时伴儿曹把酒杯。蒸饼犹能十字裂，馄饨那得五般来。

（指导老师：中山市现代职业技术学校：常莹）

案例2：班企合作

青春筑梦树理想　争做出彩财税人
——班企合作班级活动设计

佛山市顺德区勒流职业技术学校：郭俊

【活动背景】

专业认同是指学生对自己所学专业的接受与认可，表现为对专业学习的积极投入，进而实现自我同一性。加强专业认同有助于学生提高学习动力，进行自我定位和专业学习规划，获得学业成就感，是未来职业选择的影响因素。

税务221班是佛山市目前唯一的纳税事务专业班，学生们刚从初中升入中职学校，对专业不甚了解，缺乏认同感，对未来感到迷茫。教师在一年级帮助学生建立专业认知和认同，树立职业理想能帮助学生更加有规划、有意义地过好中职三年的生活。

【活动目标】

（1）认知目标：了解纳税事务专业所学内容、就业前景和培养方向。
（2）情感目标：认同纳税事务专业未来发展前景。
（3）行动目标：能初步树立远期目标和近期目标，并制订切实可行的措施。

【活动方法】

情感体验法；合作探究法；小组讨论法。

【活动准备】

（1）准备大白纸、彩色笔。
（2）学生分组。
（3）联系本地税务局工作人员来校参与活动。

【活动时长】

2课时。

【活动流程】

一、环节一：游戏导入，初探职业素养

（1）游戏《数据传递》。
游戏规则：老师预先设置好4位数字，11名同学们商量好数字传递的规则后排成一列，仅通过手指依次进行传递，不能用眼睛看，也不能发出声音。由最后一名同学依次向前复盘自己接收到的数字。

（2）谈一谈：参加游戏的同学分享传递过程的感受，分析造成数据传递错误的原因。观众讨论，财税工作中要保持数据传递的正确性，应具备什么样的职业素养？

（3）教师小结：财务数据直接关系到企业的资金和财产，如果发生错误、遗漏都可能给企业造成巨大的经济损失。同学们要努力提升自己的专业能力，细致认真的对待工作。

设计意图： 让同学们感受财务数据的传递过程，体验了解导致数据的错误、遗漏的原因，感受财税行业所需的职业素养。

二、环节二：税法课堂，了解专业知识

（1）观看动画视频：播放几个税法科普小视频，税局工作人员针对疑难问题进行分组解答。

（2）有奖知识竞答：将课前预习资料、课上所学税法知识进行汇总，设置了多道抢答题，同学们举手抢答进一步巩固税法知识。

（3）教师小结：国家的现代化发展离不开税收的支持，税收承担着"为国聚财"的伟大使命，同学们学好财税知识和技能，才能投身到社会主义现代化建设中去。

设计意图： 采用动画视频的形式向同学们普及税法基础知识，让他们结合自己课前对财税行业的了解，进一步理解专业的内涵。

三、环节三：互动交流，树立职业理想

（1）分组绘图《我心中的税收》。

①税务工作人员和同学们一起，根据课前同学们查找的资料，讨论形成税收的初印象，并通过绘图的形式进行呈现。

②各组上台讲述自己作品的含义，说出自己心中的税收。

（2）主题演讲"我心中的税收"。

由税务局今年新入职的两名税务人员进行主题演讲。

（3）教师小结：两组税务新人都表达了自己对于税收的感想，同学们毕业后可能会成为一名税务局的纳税专员，也可能成为企业办税员，不管从事什么样的职业，都应该意识到财税行业对国家建设的重要作用。

设计意图： 让税务新人站在从业者的角度讲述自己对税收的感悟，通过同龄人的分享，让学生感受财税行业可以为国家做出的巨大贡献，树立远大职业理想。

四、环节四：总结分享，制订学习目标

（1）学习分享。

①学生代表分享学习心得。

②专业部长介绍专业所学内容、升学就业方向。

（2）制订目标。

①运用"车日路模型"，制订未来专业学习目标

"车日路模型"：车指的是自己，日指的是自己的目标，路指的是用什么样的途径来实现自己的价值。对应的是职业发展的核心三要素：自我—目标—路径。

②目标分享。邀请学生代表上台展示自己绘制的"车日路模型"，分享自己的专业学习

目标。税局工作人员、专业部长对学生专业目标进行指导，使其更具可行性。

（3）总结提升：班主任就活动情况进行总结，对学生课前知识准备、课上积极参与、认真制订目标给与表扬。鼓励学生要坚定学习目标，树立远大理想，不断提升专业技能，积极投身国家的现代化建设中。

设计意图：通过"车日路模型"帮助学生从三方面认识自我，让目标越来越清晰，消除因为未知带来的焦虑。让学生在绘制中坚定职业理想，为加强专业认同。

【活动拓展】

采访本专业的老师，了解财税专业学习的发展路径，确定当下的行动计划，绘制专业学习规划地图，形成PPT以小组为单位在班级汇报。

设计意图：通过采访本专业的老师，明白自己将来发展的路径，有效地将职业理想和实际行动相结合。

【小贴士】

（1）税务局每年都有税收推广的工作要求，包括税收知识进校园、社区税收推广等。班主任若要开展类似活动可以与专业部长一起找税务部门进行沟通，还可以跟税务局联合开展社区宣传等活动。

（2）活动内容需要与税局工作人员提前做好沟通配合。其他专业开展本活动，则需要针对班级专业特点做出调整，与相关部门做好沟通配合。

（3）本次活动安排在新生入学的第一周，家长对新专业也完全不了解，学校可通过图文、视频在官方公众号和短视频平台进行直播宣传，能加深家长对专业的理解，增强对专业的信心，今后更加配合学校的各项工作。

（指导老师：中山市现代职业技术学校：常莹）

案例3：班家合作

欢乐游园，拉近你我
——"班家合作"主题活动

中山市现代职业技术学校：常莹

【活动背景】

2018年9月10日，习近平总书记在全国教育大会上指出，家庭是人生的第一所学校，家长是孩子的第一任老师，要给孩子讲好"人生第一课"，帮助扣好人生第一粒扣子。真正的教育，从来就不单单是学校的事情，更是家庭、学校和社会共同的责任。加强学校和家庭、班级和家庭的沟通协作，是做好教育、实现立德树人根本任务的重要途经。

本班为中西面点专业班级，正处于建班之初，家长对孩子所学专业、学校情况和班级情况尚未透彻了解，班级和家庭尚未建立和谐的关系和紧密的联系。班级大多数家长非常关心孩子的学习和成长，有较强烈的加强对学校、班级和专业了解的意愿和需求，对学校和班级提出的要求配合度较高。

【活动目标】

（1）认知目标：学生和家长共同了解所在专业、了解学校和班级的培养模式，充分认识到家庭与班级加强沟通协作的重要性。

（2）情感目标：营造班、家合作的良好氛围，为进一步加强协作奠定良好的情感基础。

（3）行为目标：教师、学生和家长都能自觉主动沟通、加强协作。

【活动方法】

小组合作法，自主探究法。

【活动准备】

一、教师准备

（1）联络系部负责人，争取学校的支持。

（2）协调各个在活动中充当游园场室的专业实训场室，向各场室负责人说明活动过程中可能出现的情况，做好预案。

（3）跟进并指导学生各小组的工作。

二、学生准备

班级分为五个小组。

第一小组视频组：将开学报到至今，班级同学的照片、视频等资料合成为一个视频，并做好配乐和字幕。

第二小组设计组：设计并制作邀请函。
第三小组解说组：负责各游园场室的介绍和解说工作，提前准备并熟记解说词。
第四小组道具组：负责布置报告厅，购买各游园场室所需的道具。
第五小组宣传组：负责摄影和活动后撰写宣传稿。

【活动时长】

4课时。

【活动流程】

一、环节一：破冰游戏，营造氛围

开启游园第一站，全体成员在学校小广场开展团队协作游戏——桃花朵朵开。

游戏规则：所有队员围成一个圆圈小跑起来，主持人会喊出口号"桃花朵朵开"，然后报出一个数字，比如"5"，队员必须快速地5个人围在一起，不能多也不能少。

设计意图：通过团队协作游戏，消除陌生感，营造良好的沟通、协作的集体氛围。

二、环节二：观看视频，点燃热情

所有成员进入本班教室，视频组播放课前制作好的视频，视频内容为学生开学报到时在家长的陪伴下注册、购买校服、整理宿舍等，以及开学至今学生在实操课上学习和训练的场景、班级开展活动的场景等。

师生、家长一起观看视频。

设计意图：通过观看视频，家长和学生唤醒了报到当天的回忆，同时也回忆起报读这所学校时的期待与忐忑交织的心情。带着这样的心情，家长对学校的具体情况、专业的发展前景等有了更强烈了解的欲望，有助于后续环节的顺利开展。

三、环节三：场室游园，认识专业

（1）听取讲解，建立认知。

家长在学生的陪同下到各个游园场室进行参观，游园场室包括"粤菜大师"工作室、面点实训室、中餐烹饪实训室、西餐烹饪实训室。每个场室配备两到三名解说组的同学，对场室进行介绍和解说。

（2）亲自体验，加深了解。

各游园场室设置了体验专区，家长在学生和专业教师的陪伴和指点下亲自体验揉面、切丝、萝卜雕花等专业操作，切实感受学生在校所学，对学生的专业成长产生认同。

设计意图：通过参观场室，家长直观了解到学校在中西面点专业的培养实力和培养模式。由学生进行解说，使家长看到学生的成长进步和独当一面的能力，提升家长对学校、对班级和对学生本人的信心。通过切身体验，家长更加深入地了解到孩子在校所学所做，更容易产生认同感。

四、环节四：激情宣讲，描绘蓝图

家长和学生回到教室，由班主任进行"班级建设规划"主题的宣讲。介绍班级情况，结合专业培养目标阐明未来班级建设和学生成长的目标以及实现目标的主要措施和途径，尤其强调需要家长配合的方面。

设计意图：班主任将班级建设设想传达给家长和学生，构建愿景，激励家长和学生投入到班家合作的实际行动中去。为今后班级建设过程中加强家班合作奠定基础。

五、环节五：真诚反馈，未来可期

家长和学生通过组内讨论，围绕"您对学校和班级有哪些要求？您对班主任做出的班级建设规划有哪些好的建议？"进行反馈。

设计意图：充分尊重家长的主体地位，通过书面反馈，使班主任更好地收集和分析家长和学生的诉求，并结合诉求完善班级建设规划，将班家合作落到实处。

【活动拓展】

通过电子邮箱开设"家长有话说"专属邮箱，家长对于班级管理和育人工作有任何建议或疑问，都可通过专属邮箱进行反馈。

设计意图：拓宽班家沟通、合作的途径。

【小贴士】

（1）本活动设计稿针对中西面点专业，若其他专业开展本主题活动，需要结合本专业特点进行调整，主要将游园的实训室改为班级所属专业的实训场室即可。

（2）由于本次活动涉及的场室较多，不是班主任和学生做好准备就可以的，需要班主任提前征得系部领导的同意，并与各专业实训场室的负责人做好充分的沟通、协调，以免出现沟通不畅、意见不合等问题。

案例4：班社合作

我为社区添光彩
——"班社合作"主题活动设计方案
中山市现代职业技术学校：杨勇

【活动背景】

2020年10月，教育部印发《大中小学劳动教育指导纲要》指出，职业院校要"增强职业荣誉感和责任感，培育积极向上的劳动精神和认真负责的劳动态度。组织学生：定期开展校内外公益服务性劳动，做好校园环境秩序维护，运用专业技能为社会、为他人提供相关公益服务，培育社会公德，厚植爱国爱民的情怀。"据此，本班将第二学年第一学期确定为"劳动职业"主题教育活动月，本次社区实践是活动月的一项重要活动。本班为平面设计专业班级，经过一年多的学习，已经具备了良好的手绘基础、掌握了产品设计的基本知识和技能，为开展本活动创造了充分条件。

【活动目标】

（1）认知目标：认识到劳动精神对自我价值实现的关键意义和重要作用。
（2）情感目标：在劳动实践中体会自豪感与职业荣誉感。
（3）行为目标：能够主动落实劳动精神，发挥个人能力服务更多人。

【活动方法】

小组合作法，自主探究法。

【活动准备】

一、教师准备

（1）建立活动策划组。班主任向小组成员说明活动目标，小组成员结合班情和专业特点讨论活动形式和内容，制订活动方案和突发情况应急预案。
（2）班主任带领活动策划组长联系社区负责人，说明活动用意和方案，争取社区的配合。

二、学生准备

班级分为三个小组：第一小组是道具组，负责道具和材料的采购和准备；第二小组是协调组，负责联络社区负责人员、邀请色彩构成专业教师、校企合作单位设计师；第三小组是宣传组，负责摄影和活动后撰写宣传稿。

【活动时长】

半天。

【活动流程】

一、环节一：我为什么做

召开筹备会议，进行整体策划。

由班主任和活动策划组长向全体同学说明活动目标和形式——我们要前往××社区，以"好家风"为主题绘制平面公益广告，为美化社区、美化城市贡献个人力量。

提醒注意事项，明确安全要求。

设计意图：根据主体教育理论，道德教育要尊重学生的主体地位、激发学生的主动参与。因此，班主任在活动开展前要向学生详细说明本次活动的目的和重要意义，获得学生的认同，激发学生参与的主动性。并且，由于本次活动要外出，首先向学生强调安全要求和注意事项非常必要。

二、环节二：我要怎么做

（1）组长招募，完成组队。

活动筹备小组成员出任小组长。五位小组长在班级群内发布广告招募组员，每组限6人，招满即止，完成组队后各小组召开内部会议，确定分工、职责。

（2）组内学习，明确要求。

小组内部学习活动要求，了解本小组负责的社区墙面的绘制区域，根据绘制区域的形状、地势等特点制订本小组的绘制方案。

设计意图：分组合作便于学生在交往交流中启迪更多智慧、收获更多灵感。学生在独立学习活动方案、思考活动方法等事宜的过程中，整体性思维和结构性思维得到锻炼。提升了独立思考和解决问题的能力。

三、环节三：我要这样做

（1）合理分工，有序行动。

全体同学达到墙面绘制地点，各小组找到自己负责的区域，根据之前策划会上的分工各司其职，如打底稿、调颜色、接水换水等。

（2）绘制墙面，反复雕琢；完善细节，展示成品。

设计意图：在此过程中，学生要不断克服各种现实困难，如天气炎热、太阳刺眼等，提升了学生吃苦耐劳、奋力拼搏的品质。学生看到通过自己辛苦的付出换来社区环境的美化，提升了学生的价值感和劳动幸福感。

四、环节四：我做的如何

多元评价，激励信心：每组学生在社区内随机邀请十名市民，发给每一位市民三颗不干胶爱心，市民在看过所有小组的作品后，将爱心贴在自己最喜欢的作品上。市民投票可以选择将三颗投给一幅作品，也可以选择投给不同作品。

企业设计师从构图、选材、配色、主题表达、创意水平等专业角度对各组作品进行点评。

设计意图：市民们的肯定极大增强了学生的职业荣誉感和自豪感。通过不同身份、不同职业的人的评价，让学生更全面地认识到自己的专业能力水平，从而对专业学习更加精益求精、追求卓越。

五、环节五：老师有话说

教师总结，阐明期望： 教师肯定全班同学对活动的积极参与和认真对待，表达对学生作品的高度赞赏和肯定。希望同学们通过这次活动，更加深刻地认识到自己身为中国的一名公民，即使再微小，也是不可或缺和无法替代的，也要为国家富强、民族振兴、人民幸福释放所有的力量。

设计意图： 学生的认识水平和思想境界存在一定局限性，因此在活动接近尾声时，需要教师围绕活动对社区、对社会、对学生自己的重要意义进行阐释，对学生进行启发。

【活动拓展】

各小组填写能力分析与行动计划表，从"我能做什么、我愿做什么、我将做什么"三个纬度分析自己的专业能力现状和能为他人、为社会、为祖国贡献力量的领域，并且深入思考为了更好的在这个领域做出贡献，制订具体的行动计划。

设计意图： 通过实践活动，学生对自己的专业能力现状以及劳动精神品质有了更加清晰和全面的认识，基于此开展分析与展望，能取得较为理想的效果。

【小贴士】

（1）本活动需要学生外出离开学校，班主任需要提前做好相关安全应急预案，确保整个活动顺利开展。

（2）本活动设计稿针对平面设计专业，若其他专业开展本主题活动，需要结合本专业特点予以调整。

（指导老师：中山市现代职业技术学校：常莹）

第六节　多元发展类班级活动

个性发展类活动是指为了让学生充分发挥自己的优势和特长而组织的活动。目的在于让每个学生充分展示自己特长、挖掘自己的潜力、发展自己的优势,从而提升自我效能感的活动。例如,开展丰富多彩、积极向上的读书分享、文艺表演、体育竞技、技能竞赛等活动,学生在此类活动中可以发掘自己的优点,体验参与感,增强获得感和成就感,从而促进个性的全面发展。

案例1：文艺类班级活动

激情元旦　绽放梦想
——元旦辞旧迎新联欢晚会
佛山市顺德区勒流职业技术学校：罗碧莹

【活动背景】

元谓"始"，旦谓"日"，"元旦"是新的一年的初始之日。为了营造新年氛围，激励学生新年展示新气象，同时丰富班级文化生活，增强班级的凝聚力，为有才华的同学提供表现自我的平台，提升学生的自我效能感，值此新年到来之际，特开展班级元旦联欢晚会。

【活动目标】

营造节日氛围，提升学生自我效能感，丰富班级文化生活，增强班级凝聚力。

【具体安排】

一、活动主题

激情元旦　绽放梦想

二、活动时间

2022年12月29日　19：30—21：30

三、活动地点

学校文体活动室

四、活动准备

（1）微班会动员。通过微班会的形式。微班会具有时间短、目标明确、形式新颖、见效快、参与度广等特点，一般控制在10分钟之内，采用游戏或者学生互动主持等方式。微班会的形式更能走进孩子的心，产生更大的影响，更能有效动员起班级同学全员积极参与本次活动，要求每一位同学至少报名参加一项表演。

（2）活动分组。为了丰富节目形式，本次活动设置唱歌、跳舞、小品、相声、魔术、朗诵、武术等形式，学生自行分为10个小组，每组5~6人，各组商讨节目形式并报班主任审核。

（3）排练与指导。在学生商讨节目形式以及排练过程中，班主任适当给予学生节目参考意见以及对学生的排练进行指导，统筹安排整个节目流程，进行策划和再加工，保证节目的质量。

（4）个人项目。联欢晚会为有才艺特长的学生另外设置特别表演节目，节目内容要求健康活泼、积极向上，紧密结合庆祝元旦的主题，能够体现当代中学生朝气蓬勃的精神风貌，相关学生可找班主任报名。

（5）节目顺序抽签。每个小组的小组长进行节目抽签，活动当日按照抽签顺序进行表演。

（6）现场直播。提前做好视频直播的准备，并在班级群通知家长活动当日准时在班级群收看现场直播，邀请家长作为线上评委，表演结束后通过投票小程序对各小组的演出进行评分。

五、奖励设置

1. 评分标准

（1）节目内容健康向上，表达得体，体现中职生良好的精神风貌。（30分）

（2）节目有创意，层次鲜明，情感丰富。（20分）

（3）节奏准确，表演与伴奏配合默契，表情到位。（20分）

（4）精神饱满、仪态大方、服装整齐。（20分）

（5）整体效果良好，富有感染力。（10分）

总分100分，评分最后结果以100分制进行计算，保留小数点后两位，去掉评委打出的最高分和最低分，最后得出总分。

2. 评审办法

分为线上和线下两种评分方式。家长通过观看视频直播，在线上小程序对节目进行评分；线下由到场的科任老师及现场观众担任评委。评分结束后，统计线上线下平均分。

3. 奖项设置

（1）团体奖：设特等奖20%，一等奖30%，二等奖50%。

（2）单项奖：设最佳表现奖、最佳风采奖、最佳创意奖、最具潜力奖等奖项。

4. 奖品设置

根据班级特色设置奖品，以实用为主。例如，书香班级奖励图书；运动班级奖励体育用品，等等。

六、人员分工

1. 艺术总监：罗××（班主任）、卢××、王××

具体职责：统筹整个活动安排，负责在各小组选择节目及排练过程中进行节目指导并对节目质量进行把关，保证节目的多样性及可观赏性。

2. 主持人：陈××、李××（一男一女学生）

具体职责：负责撰写主持稿串词，协同相关人员完成投影仪、音响、话筒等设备的调试，采用创新形式积极调动现场气氛，跟进场地布置的执行工作，确认嘉宾的邀请情况及奖品的到位情况。

3. 场地布置：吴××、霍××、张××、薛××

具体职责：根据活动要求，了解到场嘉宾人数，负责课室的场地布置，摆放嘉宾座位及学生桌椅，清洁课室卫生，准备横幅及白板，画活动主题黑板报，准备嘉宾名牌，摆放好奖品位置。

4. 音响：梁××

具体职责：负责收集各小组的背景音乐，准备4个话筒，确认话筒满电，调试课室音响、投影仪及电脑，确保活动当天电子设备正常使用。

5. 摄像：温××、廖××

具体职责：负责活动现场拍照、拍视频、家长群直播。

6. 宣传：潘××

具体职责：负责撰写通讯稿。

7. 采购：刘××

具体职责：负责活动用品和奖品的采购。

8. 联络人：汪××

具体职责：负责邀请部长、科任、家长等。

七、联欢会具体流程

（1）主持人开场：主持人介绍本次活动的目的和意义、到场嘉宾以及致欢迎词。

（2）部长致辞：对同学们积极参与本次活动表示赞扬与肯定，鼓励同学们在接下来的表演中发挥出应有的水平。

（3）节目表演：按照学生抽签顺序，三个节目为一组，每一组节目后面穿插一个互动，互动游戏如下：

①真心话大冒险。

真心话：每人发两张白纸，让同学们写下这学期在学校里最开心的事情和最不开心的事情。各自以匿名方式写在纸条上交给老师。

大冒险：选择大冒险的同学把自己写下的在学校里最开心的事情或者最不开心的事情大声说出来，释放自己的内心。

②祝福语跑火车。

用跑火车的形式，学生一个接一个说出新年祝福词，如万事如意、心想事成、吉祥如意、一帆风顺、万事大吉等。

③互赠卡片。

学生各自写贺年卡片，然后现场互赠给同学或老师，表达新一年美好的祝愿。

④颁奖环节。

由部长给获得特等奖以及单项奖的学生进行颁奖；由科任老师给获得一等奖的学生进行颁奖；由班主任给获得二等奖的学生进行颁奖。

【小贴士】

重视服饰、化妆、造型，提升节目的仪式感；演出者着装力求统一、整洁、美观、大方；主持人安排一男一女两名学生。

（指导老师：佛山市顺德区勒流职业技术学校：郭俊）

案例2：体育类

挑战地心引力　引爆篮球魅力
——体育活动策划方案

佛山市顺德区郑敬诒职业技术学校：麦兆朗

【活动背景】

篮球是一种文化，更是一种精神，是一种团队奋发向上的精神。精神的力量不仅是伟大的，而且是无穷的。本班50%以上的学生喜欢篮球运动。为了创造"人人皆可成才，人人尽展其才"的良好氛围，发挥学生的优势特长，增强体育锻炼，丰富校园文化生活，特组织开展班级篮球比赛。

【活动目标】

营造节日氛围，提升学生自我效能感，丰富班级文化生活，增强班级凝聚力。

【具体安排】

（1）活动主题：激情篮球，团结拼搏。

（2）活动对象：班级全体学生。

（3）活动时间：第5~15周每周三、周四下午16：30—17：30。

（4）活动地点：学校篮球场。

（5）活动筹备。

①微班会动员：召开微班会，动员学生积极报名参加篮球比赛。比赛可自由组队，总计4~6支队伍。不参加篮球比赛的同学将承担赛场工作及后勤工作。

②练习与指导：正式比赛之前，各组可以利用下午自由活动时间到篮球场做赛前训练，班主任将邀请学校体育老师作为教练予以指导。

（6）比赛方式。

班级内学生男女混合自由组队，按班级实际人员情况而定，可报4~6支队伍；每队可报8~10名同学（男女均可），必须设队长一名。

计分方法：投进罚球算1分，三分线内投篮算2分，三分线外投篮算3分；若男女混合组队，则女生投篮得分在原来基础上以双倍分数计分。比赛采用单循环比赛方式，胜一场积2分，负一场积1分，弃权积0分。

（7）奖励办法。

本次比赛设集体奖与个人奖。对获集体奖前三名的队伍颁发奖牌与奖状，其他名次的颁发奖状，个人赛获奖的颁发纪念奖杯。

①集体奖计分方法：按循环赛的计分决出名次，积分前两名的队伍再进行最后的冠军争

夺赛，其他的队伍按循环赛积分落位排名。

②个人奖：个人奖共设两项：一是在比赛中得分最多的运动员将获得本次比赛 MVP 称号。二是比赛将举行三分球大赛，每队可各出一名运动员参赛，预赛将在小组赛结束时举行（具体时间待定），得出前三名，决赛将在总决赛半场休息时举行，决出三分王。

（8）比赛规则。

比赛均采用中国篮协最新审定的《篮球规则》

①时间：比赛循环赛采用 4×10 分钟的比赛模式，第一和第二节、第三和第四节中间的休息时间为 2 分钟，半场的休息时间为 5 分钟。

②计时：罚球、换人、场外暂停停表，在第四节最后 1 分钟停表。其他均不停表。（裁判要求停表的情况除外）

③球权：本次比赛仅第一节跳球。在比赛过程中是采取球权轮替制。

④加时赛：比赛结束，以得分多者为胜方。4 节比赛结束后若仍未分胜负，进入一次或多次的五分钟延长赛，接续第四节进攻的篮框，中间有两分钟休息时间。

⑤暂停：每队一、二节时总共可以请求两次暂停；三、四节时总共可以请求两次暂停，每一延长赛可以请求一次暂停。暂停申请人为队长。

⑥换人：当球呈死球状态时，双方皆可请求换人。欲换上场的选手必须先通知记录台，至记录台前或两侧，到下一个死球或暂停方可依从裁判的手势上场进行换人。第四节最后 2 分钟及延长赛最后 2 分钟在球中篮后，除非裁判停止比赛或非得分队请求球员替补，得分队不得请求球员替补。

⑦犯规：球员犯规满 5 次必须离场，该队换上一名替补球员上场。全队每节满四次犯规进入加罚状态。

⑧登记：各队队长必须到记录处登记该队队员的姓名和号码，队长赛后也必须到记录处签名，承认比赛有效。

（9）纪律要求。

①必须听从裁判员的裁判及工作人员的指挥，遵守比赛纪律，友谊第一，比赛第二；对吵架斗殴等行为经劝阻不听的，取消其参赛资格。

②球员做出不体现运动员精神的犯规动作，比如打人等，发生此类情况后，球员将被罚出场外，如有滋事者可将其部门的该场比赛按弃权处理。

③如比赛出现队员受伤，立即暂停比赛，到有关工作人员处进行伤口处理，情况严重者请马上送往校医处。

④在比赛中需尊重裁判、尊重工作人员、尊重对手、尊重队友。场上裁判有比赛最终裁定权。

（10）分工安排。

本次比赛主要由班级体育部组织，负责比赛的各个工作环节。

①场地联系、比赛器材：李××、梁××。

主要工作：提前与学校体育科组老师沟通，落实好比赛场地，准备好比赛所需要的篮球、记分牌、桌椅等。

②赛前抽签、赛程安排：冯××、潘××。

主要工作：按照实际报名队伍组织好抽签工作，根据抽签情况安排比赛赛程并及时公布。

③裁判组：陈××、高××、李××、林××。

主要工作：负责比赛的裁判工作，每场比赛安排两名裁判员。

④记录组：谭××、周××。

主要工作：对比赛的得分情况进行记录，确保比赛顺利进行（表2-14）。

表2-14 篮球比赛积分表

	A	B	C	D	E	F	积分	排名
A								
B								
C								
D								
E								
F								

⑤后勤保障组：陈××、黄××。

主要工作：落实好每场比赛运动员的矿泉水，赛前负责布置场地、赛后负责清理场地。

⑥宣传组：刘××、李××。

主要工作：对每场比赛进行拍照，撰写宣传稿，及时推送。

（指导老师：佛山市顺德区勒流职业技术学校：周玲）

案例3：美育类

识世间之美　扬班级之光
——2015班班徽设计比赛活动主题

汕头市鮀滨职业技术学校　陈　蓉

【活动背景】

一草一木皆传情，一墙一壁皆育人。班级文化是一种隐性的教育力量，表现出一个班级独特的风貌和精神。而班徽不仅是一个班级的标志，更是一个承载了班级充满柔性的、人文的精神、纪律、关系和环境的综合存在，是整个班级精神的提炼，是班级活力和荣耀的象征。作为二年级美术制作专业班学生，拥有一定的绘画基础，可以将特长发挥在班级建设上。

【活动目标】

（1）认知目标：了解美的含义，认识美的形态。

（2）情感目标：增强学生的审美意识和动手能力，提高学生的文化艺术品位，展现学生的个性风采。

（3）行为目标：将懂"美"、会"美"、能"美"运用到班徽设计活动，打造有专业特色的班集体。

【活动方法】

情感陶冶法；榜样示范法；实践锻炼法。

【活动准备】

（1）学生准备：设计笔，设计纸，笔记本。

（2）教师准备：每组一台电脑。（多媒体机房可实现）

（3）将学生分组，每组6~8人，选好组长。

（4）教师提前两周发布班徽设计比赛，要求学生们按照分组，搜索各大学校的校徽、班徽，针对1~2个分析徽章设计的意图，进而为设计本班班徽做好准备。收集要求：

①内容要体现班级文化、价值理念和理想信念；

②设计简洁大方、有创意、积极向上；

③作品形式可以是电子版（PS制作）或者手绘版，半成品或成品都可以。

【活动时长】

2课时。

【活动流程】

一、环节一：分析识"美"

（1）头脑风暴。

①以小组为单位，展示本组找到的校徽、班徽设计，并对构成元素进行简短分析。

②抛出问题，我们的校徽由什么元素组成？

（2）校徽解读。

汕头市是一座海滨城市，图案设计有大海蓝天辽阔的感觉；风帆是鲐滨汉语拼音首个字母"TB"的变形，表现帆船在大海中乘风破浪；五条线条是翻开的书，表示学校，也表示学校历史上有五次更名；周边是校名的汉语拼音字母。

设计意图：先用"头脑风暴"将课堂气氛活跃起来，提高学生的参与度；运用本校校徽的设计理念，直观引导学生感受校园文化，班级文化之美，进而理解徽章设计的意图，为后面开展班徽设计做铺垫。

二、环节二：携手寻"美"

（1）寻找细节美。

①展示各类徽章，如冬奥会会徽，华为、李宁LOGO，让学生说说看有何特点。（可以从字体、字型、颜色上引导。）

②教师总结，徽章或者标志是一种有象征意义和内涵的视觉符号，具有简洁、醒目的特点。它看似简单，制作起来需要花心思设计。

③徽章设计的基本元素是点、线、面，设计或简单或复杂、或抽象或具象。

（2）感受内在美。

①教师引导学生为本班设计班徽，可以从图形、文字、数字着手去创作，结合班名和口号，凸显班级特色，可以是便于记忆，也可以追求独特，关键在于找准一个中心点切入。

②学生分组进行，人人参与，可以是手绘版本，也可以用电脑制作，都要写出设计意图。

③部分学生之前已有收集素材的可进行分享，小组成员和老师一起商讨。

设计意图：由点到面，先带领学生分析徽章的特点，感受细节与创意；再引导学生学以致用，为班级文化出谋献策，在此过程中需要分析班名和口号，写出寓意，从而提升学生的班级凝聚力。

三、环节三：合作造"美"

教师播放背景音乐，营造设计氛围。学生自主设计、讨论和互评，但不跨越小组干扰它组设计。在这个过程中，教师只是合作者，可以和学生讨论，但不指导学生创作。

设计意图：发挥学生主观能动性，展现才艺，同时发挥组员团结合作，与设计班徽的意义互相呼应。对于小部分暂无想法或者技艺不熟的学生，提供指引性画法，做到人人参与其中。

四、环节四：推选得"美"

（1）小组展示。

①组长组织成员推选代表作。
②设计者上台展示本组成员作品，并对内容进行讲解。（可以进行拉票）
（2）投票阶段。
①学生进行投票，选出大家认可的作品。（给出评定标准：实用性、美观、寓意）
②邀请家长代表进行线上网络投票，综合结果进行评定。
（3）集思广益。
教师提议学生从票选较高的几个作品中，找出各自的优点，集合起来，汇总成一个新的作品。（组长之间相互协作，在教师机完成最后的汇总作品）
（4）如愿以偿。
教师投影最终作品，同学们鼓掌祝贺，可以请会才艺的学生领唱《最美的期待》，将气氛推至高潮。

设计意图：通过小组选最优作品，培养学生之间互相欣赏，学会发现他人的长处。再通过组之间拉票才艺展示，为学生提供发挥平台，看见同龄人的特长，领悟到一技之长的用武之地。家长代表的投票，加强学生的自信，加强家校沟通。

五、环节五：扬"徽"爱"美"

（1）集思广益。
教师组织学生思考，设计的班徽可以应用在哪些领域？
（2）"徽"以致用。
学生讨论，举手抢答。举例如下：
①练习本——各种作业本、课本、练习册等封面。
②班级的日常用品中——可以制作一个大的班徽，挂在班级合适的位置；可以贴在班级图书角的书籍上，用以区分；可以贴在班级的器具用品上等。
③班旗和班服……

设计意图：班徽设计是第一步，真正将其投入使用才最为关键。尤其是将它的适用范围琢磨的更细致，物尽其用，提升学生强烈的班级荣誉感与自豪感。

【活动拓展】

将设计好的班徽用于运动会的海报、班旗制作，衍生的周边产品（如加油棒、贴纸、吉祥物等），发挥想象力，提升行动力，人人参与。

设计意图：将发扬班级之美付诸于实践中，尤其在校运会、艺术节等集体活动，能够有别于其他班级，提升班级荣誉感。

【小贴士】

（1）教师把握好设计时间，本专业二年级学生已经具备熟练操作 AI、PS 等软件，课前先收集素材，不占用太多上课时间。如果是绘画新手，那建议教师先给出一些带绘画步骤的教程，别让整节课都用在制图上。
（2）学生设计时，教师应注意成员之间的合作进程，协助解决问题，避免矛盾的产生。
（3）投票拉票节奏把控好，我们是要营造团结和欣赏美的作品氛围，而不是恶意中伤和刻意诋毁。

（4）邀请家长代表也要事先沟通好，在进入课堂前确保家长能随时在线互动，千万不能出现找不到人的局面，影响学生的士气。

（5）附评分标准（表2-15）。

表2-15 评分标准

文化内涵	20分
内容设计	30分
创意性	30分
解说词	10分
整体感觉	10分

（指导老师：佛山市顺德区勒流职业技术学校：郭俊）

案例4：语言类班级活动

时代青年亮观点　唇枪舌剑展风采
——语言类班级活动设计

陆河县职业技术学校　朱美玲

【活动背景】

《中等职业学校德育大纲》指出让学生学会明辨，养成科学的思想方法。《中国学生发展核心素养》提出应培养学生具有理性思维、批判质疑、勇于探究的科学精神。学生以信息时代短平快的短视频迅速风靡带来的影响开展辩论，从而提升批判性思维能力和语言表达能力。信息时代，短平快的短视频迅速风靡。本班是电子商务专业，很多同学借着寻找短视频制作灵感的名义沉浸在刷短视频、拍短视频中乐此不疲，严重影响学习与日常生活。如何正确对待短视频需要引起同学们的重视与思考。

【活动目标】

（1）认知目标：了解辩论流程、方法等，知道如何有效搜集、整合相关信息，并将信息清晰表达。

（2）情感目标：提高学生的批判性思辨能力、沟通协调能力与合作能力，认同辩证看问题的思维角度，理解谦卑、包容的情感态度。

（3）行为目标：参与辩论赛全过程，学会有效整合信息并用辩证的角度看问题。

【活动方法】

合作学习法；辩论赛。

【活动准备】

（1）活动前一周确定辩题为"短视频的火爆是精神文化丰富/匮乏的体现"，确定正反方观点及选手，从学生中选择1名主持人，2名计时员；

（2）正反方选手组建备赛群，每个群邀请一名指导老师进行备赛指导；

（3）学生制作正反方卡片、辩手姓名卡片、时间提示卡片，布置比赛场地，正反方后面放置足够的凳子，用于现场跑票；

（4）班主任邀请2名老师，与班主任组成3人评判团，提前准备"团队优胜奖""最佳辩手"奖状以及扑克牌一副。

【活动时长】

2课时。

【活动流程】

一、环节一：超燃开场，热血沸腾

（1）主持人致开场词，宣布辩题"短视频的火爆是精神文化丰富/匮乏的体现"，介绍评判团成员、评判规则，介绍参赛队及其所持立场，正方观点为"短视频的火爆是精神文化丰富的体现"，反方观点为"短视频的火爆是精神文化匮乏的体现"。正反方进行自我介绍；

（2）介绍投票规则：本场辩论赛投票形式为现场跑票，开场前选择支持的辩方，辩论过程中，每个环节结束，观众都有1分钟的跑票时间，最后哪个辩方获得的跑票数最多，则获得首轮胜利，加上评委投票，合计总数为最终胜利；

（3）观众根据最开始对辩题的理解进行投票，支持正方或反方的观点，直接坐在对应辩手后面的凳子；

（4）主持人宣布正反方得票情况并书写在黑板上；

（5）主持人宣布比赛正式开始。

设计意图：充满仪式感的开场与正反方精彩的自我介绍让选手和观众快速进入比赛氛围，投票规则设计成现场跑票，增加了趣味性和互动性，让观众与参赛选手共同融入比赛，提升观众的参与度。

二、环节二：激情辩论，正面交锋

双方就"短视频的火爆是精神文化丰富/匮乏的体现"这一辩题开展激情辩论。

（1）辩论赛流程。

①立论。（各3分钟）

正反双方一辩依次进行

A. 正方一辩发言

B. 反方一辩发言

②攻辩（各1分30秒）

A. 正方二辩选择反方二辩或三辩进行一对一攻辩

（每个提问不超过10秒，回答不超过20秒）

B. 反方二辩选择正方二辩或三辩进行一对一攻辩

C. 正方三辩选择反方二辩或三辩进行一对一攻辩

D. 反方三辩选择正方二辩或三辩进行一对一攻辩

E. 正方一辩进行攻辩小结（2分钟）

F. 反方一辩进行攻辩小结（2分钟）

③自由辩论。（反方先开始，双方各5分钟）

④总结陈词。（6分钟，双方各3分钟）

A. 反方四辩总结陈词　3分钟

B. 正方四辩总结陈词　3分钟

（2）时间提示。

每个阶段，每方队员在用时剩30秒时，计时员举牌"时间剩余30秒"进行提醒，用时满时，计时员举牌"时间到"提醒并终止发言。时间到，发言辩手必须停止发言，否则作违规处理。

（3）投票环节。

①观众投票。开场前投票，之后每个环节结束，观众都有1分钟的跑票时间。

②最后，哪个辩方获得的跑票数最多，则获得首轮胜利。

③评判团老师投票。评判团共3名老师，每位老师各有3票。

④观众跑票加上评委投票，合计总数为最终胜利。主持人宣布最终投票情况并写书在黑板上。

设计意图：学生根据辩论赛流程依次开展辩论，过程清晰明了，辩论层层递进，金句频出，精彩不断，掌声此起彼伏。

三、环节三：观众提问，延伸讨论

（1）主持人向2名观众提问2个问题。问题为"你最终投票和开场前投票是否有变化？""改变/没改变投票的原因是什么？"

（2）观众是否就辩论过程中感兴趣的问题或感到疑惑的地方对正反方各提1~2个问题，正反方辩手进行回答。

设计意图：主持人的提问可调动观众思考，观众提问调动积极性，就辩题进行延伸讨论，引发观众的思考，提升观众在辩论赛中的参与感。

四、环节四：精辟总结，发人深省

评判团中派一名老师对辩题进行深入解读与分析，分享不同思考角度，并对整场辩论赛同学们的表现进行精辟总结。

设计意图：老师的肯定极大提升了辩手的信心，同时精辟的分析与总结引导同学们辩证看待问题，勇敢表达自己的看法，虚心接受不同的观点。

五、环节五：颁奖典礼，完美收官

举行颁奖典礼，依次颁发"团队优胜奖""最佳辩手"奖状。辩手们、辩手与评委老师、全场所有人员依次进行大合影。

设计意图：颁奖典礼积极正面地反馈辩手的表现，提升同学们的信心，大合影留下班级活动精彩瞬间，日后可将合照展示在班级宣传栏中。

【活动拓展】

观看完辩论赛后，每位同学根据辩论主题结合自己的实际，通过在"接龙小管家"上传录音发表自己的见解，进行思维碰撞。

设计意图：引导学生深入思考、大胆表达，从而提高思维逻辑能力和语言表达能力。

【小贴士】

（1）备赛充分，耐心指导。比赛前一周要确定好辩题、辩手等重要事项，并督促学生将收集资料发送备赛群，指导老师开腾讯会议或线下会议进行指导。同时也要对主持人的主持稿撰写、体态管理等进行指导。

（2）现场跑票，参与度高。引导全班同学对此辩题搜集相关资料，进行深入思考，现场设计跑票环节,让学生积极参与。如果辩论节奏比较慢,可以在学生跑票完后安排采访,让学生说一说为什么会跑,对方的哪一个观点打动了他。

(3) 班主任可以参考本方案的辩论具体实施办法,同时结合本班学生实际情况选择辩题。

(指导老师:佛山市顺德区勒流职业技术学校:郭俊)

第三篇章 实战篇

第一节　班主任能力比赛之班级活动赛项的要求及方案解读

为落实立德树人根本任务，贯彻全国教育大会精神和《国家职业教育改革实施方案》部署，推进职业教育领域"三全育人"改革，推动各地、各中等职业学校加强班主任队伍专业化建设，提高中职学校学生管理和德育工作水平，2020年起举办全国职业院校技能大赛中等职业学校班主任能力比赛（以下简称"大赛"）。大赛由教育部主办，是全国职业院校技能大赛的重要组成部分。

截至2022年，大赛已经举办了三届，方案每年均有调整。其中，班级活动策划赛项的变化如下：在第一届、第二届比赛中，班级活动策划赛项只出现在决赛环节，在第三届比赛中，班级活动策划赛项比赛不仅出现在决赛环节，初赛环节也将原有"提交主题班会及实录视频"的要求修改为"提交班级活动设计方案及实录视频"。

三届大赛决赛环节关于班级活动策划赛项的具体要求基本一致：参赛选手根据中等职业学校学生思想道德教育、人才培养等有关规定和要求，结合抽定的主题分析相关方面教育元素、教育目标、教育内容，选取恰当的活动形式和教育方法，策划班级活动，制订活动方案，打印纸质版提供评委查阅并作简要介绍。

三届大赛决赛环节班级活动的给定主题略有不同，以2022年大赛为例，给定的班级活动主题有以下37个：①习近平新时代中国特色社会主义思想教育；②党史、新中国史、改革开放史、社会主义发展史教育；③社会主义核心价值观教育；④爱国主义教育（包括但不限于红色教育、缅怀英烈等）；⑤学习宣传贯彻党的二十大精神；⑥集体主义教育、团结协作教育；⑦中华优秀传统文化教育、文化自信教育；⑧抗疫精神教育；⑨奋斗精神培养、责任担当意识培养；⑩劳动教育（包括但不限于劳动观念、劳动精神等）；⑪勤俭节约教育（包括但不限于反对浪费、合理消费等）；⑫班风学风建设、行为规范养成教育；⑬文明礼仪教育；⑭孝老敬亲教育、感恩教育；⑮生态文明教育；⑯网络文化教育（包括但不限于拒绝网络暴力、文明上网、网络安全、信息安全、防诈骗、校园贷等）；⑰拒绝校园暴力；⑱日常安全教育；⑲生命教育、健康教育（包括但不限于珍爱生命、新冠肺炎疫情防控、禁毒、抗艾防艾等）；⑳心理健康教育；㉑美育；㉒体育；㉓青春期教育；㉔法治教育；㉕国家安全教育、国防教育；㉖职业生涯教育、终身学习教育；㉗职业精神、工匠精神、职业道德培养；㉘中华民族共同体意识教育；㉙创新创业教育；㉚学习指导（包括学习动机、学习兴趣、专业认同等）；㉛科学精神培养；㉜志愿服务；㉝自信心培养、挫折教育；㉞新生入学教育；㉟班级制度建设、规范化管理；㊱合理使用手机，防止沉迷；㊲学习签署践行《中等职业学校学生公约》。

我们不难发现，大赛给定的37个主题均与全面贯彻党的教育方针、落实立德树人根本任务、培养学生良好行为习惯息息相关，涵盖了《中职生德育大纲》规定的理想信念教育、中国精神教育、道德品行教育、法治知识教育、职业生涯教育、心理健康教育、时事政策教育等内容，是每一位中职班主任应知应会应落实的主题。

2022年大赛比赛方案中，初赛要求提交班级活动设计方案及实录，文件原文如下：参赛选手结合建班育人实践需要，设计2个班级活动方案。其中，1个班级活动结合《教育部办公厅关于在职业院校开展"技能成才　强国有我"主题教育活动的通知》（教职成厅函〔2022〕3号）有关要求，以喜迎党的二十大胜利召开、"四史"学习教育、学习贯彻习近平总书记在庆祝共青团成立100周年大会上重要讲话精神、爱国主义教育、走技能报国之路等为主题设计，1个班级活动限定为主题班会，以学习宣传新修订的职业教育法为主题进行设计。每个班级活动方案字数不超过1500字。班级活动的形式应根据主题、内容、学生特点、班级实际等灵活选取，避免固化、集中在主题班会。

2022年的班级活动赛项需要提交2种方案，其中一种限定了主题不限定形式，另一种既限定主题又限定了形式为主题班会。班级活动与主题班会是包含与被包含的关系。《教育部　人力资源社会保障部关于加强中等职业学校班主任工作的意见》文件中关于"组织班级活动"的描述也明确提到，所谓组织班级活动就是指导班委会、团支部开展工作，引导学生参加有利于健康成长的课外兴趣小组、社团活动、文体活动以及志愿者服务等社会实践活动。根据学校培养目标，针对班级特点，开展形式多样的主题班（团）会活动。

不限定形式的班级活动策划方案给予了参赛班主任更广阔的空间，同时也提出了更高的要求。参赛班主任必思考如何根据主题、内容、学生特点、班级实际等灵活选取活动方式，如何避免固化、集中在主题班会？大家不妨从时间、空间、人员、形式等方面进行思考。

时间上，主题班会通常为1课时，但是班级活动在得到学校同意的前提下，可以增加到2个课时甚至更多；空间上，主题班会通常在校内且大多是在室内，班级活动可以根据需要将学生带出教室，走向操场、校企合作单位、博物馆、党史教育基地、劳动教育基地、祖国大好河山等地方，调动更多的资源为活动目标服务；人员上，受时间和空间的影响，班主任能邀请到的共同参与的人员相对有限，但是班级活动可以让学生与校企合作单位的员工、博物馆的讲解员、为国家做出突出贡献的老党员、老战士等近距离接触，从而更直观、更生动地学习；形式上，主题班会主要用的是适宜在课堂上开展的方法，而班级活动可以采用实地考察、动手操作、游戏体验等更多的方式开展。

第二节 国一获得者对班级活动赛项的思考及获奖作品展示

为了给广大准备参赛的班主任提供参考，本书特邀历届全国班主任能力大赛一等奖获得者分享他们的备赛参赛经验，手把手教你如何设计班级活动。与此同时，还提供他们的获奖方案供各位读者参考学习。本书特邀编者有：2020 年全国职业院校技能大赛中等职业学校班主任能力比赛一等奖获得者张日威、常莹；2021 年全国职业院校技能大赛中等职业学校班主任能力比赛一等奖获得者李慧文、张蝶；2022 年全国职业院校技能大赛中等职业学校班主任能力比赛一等奖获得者郭俊、何磊、黄婧。

全国班主任能力大赛一等奖获得者分享一：

要鲜活，也要鲜明
佛山市顺德区郑敬诒职业技术学校　李慧文
（2021 年全国职业院校技能大赛中等职业学校班主任能力比赛一等奖获得者）

班级活动是班主任根据人才培养目标、德育工作要求和班级特点，塑造学生品行，增强班级凝聚力的有效形式和重要阵地。有计划地组织和开展班级活动是班主任提升组织管理能力的最佳途径，是班主任建班育人智慧的重要体现。

在中职班主任专业能力大赛中，如果主题班会是决赛入场券的一块敲门砖的话，那班级活动就是敲开一等奖大门的一块金砖。若想将这块金砖打磨得更加璀璨夺人，班级活动设计要内容鲜活，实施也要特色鲜明。

一、精细审题，定准基调

（一）注重日常积累，从容应对比赛

根据比赛方案，班级活动主题题库会在决赛前几天公布，选手进入决赛现场后在题库中抽取主题，并在限定时间内形成完整的班级活动设计方案及制作汇报课件。现场准备项目多，时间短，任务重，意味着选手临时抱佛脚是很难设计出一份出彩的班级活动。

孔子言："君子有九思：视思明，听思聪，色思温，貌思恭，言思忠，事思敬，疑思问，忿思难，见得思义。"思考、内化、成文对于每一位班主任的成长都是至关重要的。班主任的工作大多繁杂琐碎，没有形成自己的理念和章法，日常工作只会一直处于"灭火"状态，无法收获作为一名班主任的幸福感。因此，从成长需求的角度，班主任应该注重思考，围绕班级建设实际情况，提炼自身的教育理念，形成特色鲜明的教育方法。同时，抓住各类教育契机，切实开展形式多样的班级活动，积累充足的活动素材，从容应对比赛中出现的各类主题。

（二）提取关键词语，理解出题意图

班级活动涵盖班级集体建设的方方面面，根据不同的依据可以划分为不同的类型。按活动方式可分为两种：一是课内活动，如开展主题班会、进行宣讲活动等；二是课外活动，如走访红色基地、参观校企合作单位等。按活动目的可分为五种：一是思想教育活动，如习近平新时代中国特色社会主义思想教育、社会主义核心价值观教育等；二是养成教育活动，如文明礼仪教育、学习指导等；三是健康教育活动，如心理健康类教育、美育、体育等；四是职业核心素养教育活动，如工匠精神培养、职业技能教育等；五是突发事件应对教育活动，如疫情防控教育、日常安全教育等。

选手抽取题目后，要运用出题者思维，精细审题，拆解题目，提取关键字，思考出题者意图，分析题目蕴含的教育元素，给班级活动的主题锚定方向。

（三）研读政策法规，提高政治站位

习近平总书记在全国教育大会上指出："培养什么人，是教育的首要问题。"作为班主任，我们在进行建班育人工作时，首先应对"培养什么人""怎样培养人""为谁培养人"这三个根本问题有清晰的认知，明白中职班主任的使命是培养更多高素质技术技能人才、未来的能工巧匠、大国工匠。

因此，班主任要主动广泛研读各类教育法律法规、政策文件，做好归类工作，从而加深对政策法规的理解，提升灵活运用政策法规的能力，为建班育人工作提供政策依据及法律准绳。以"孝老敬亲"主题为例，2016年，中央政治局就我国人口老龄化的形势和对策举行了集体学习，习近平总书记主持学习中强调孝老敬亲是中华民族的传统美德，要把弘扬孝亲敬老纳入到社会主义核心价值观进行宣传教育，建设具有民族特色、时代特征的孝亲敬老的文化。这就为"孝老敬亲"班级活动的开展提供了政策依据，同时也提高了主题的政治站位。

二、精准破题，理清思路

（一）结合学生实际，服务成长需求

审题完毕后，下一步的工作是让主题落地。班主任工作的根本任务是落实立德树人，班级活动作为班主任建班育人工作的重要一环，是为学生的成长需求而服务的。所以班级活动的开展要以学生为中心，充分体现学生的主体地位。我们在破解题目时，首先要实事求是，具体分析班级特点、学生学业情况、个性特征、爱好特长及成长需求，综合考虑该年龄阶段青少年的身心发展特征及成长规律中存在的共性问题，为破解题目找准着眼点。

（二）挖掘专业特色，对标人培方案

专业不同，人才培养方向和重点也不同。在破解题目时除了结合学情和班级特点，还应下功夫挖掘所带班级的专业特色，创设独一无二的班级活动，并将其与其他专业的班级活动区别开来，从而形成亮点和记忆点，为破解题目找准着重点。

笔者所带的班级专业为珠宝玉石加工与营销，学生经常与珠宝首饰打交道，具备珠宝首饰的鉴赏、设计、加工等专业技能。根据以上专业特色，在破解孝老敬亲这个主题时，笔者利用班级建设方案中"旧物新说"这个特色活动作为突破口，抓住学生对珠宝首饰具有强烈的关注度和敏感度这一特征，组织学生开展调研活动，收集身边老人与其心爱之物的故事，从中挖掘典型案例，作为这一主题活动的重要素材。

(三) 寻找教育资源，实现共育合力

建班育人工作是全员、全程、全方位的"三全育人"过程。破题时要思考与罗列可利用的教育资源，将学校、家庭、社会、企业、学生联结起来，充分利用课内课外、线上线下、校内校外各种教育载体，形成学校、家庭、社会协调一致的育人合力，丰富班级活动的内涵，为破解题目找准着力点。

三、精心答题，亮出高招

（一）结构完整，高招塑形

理清思路后，紧接着就是搭建班级活动方案的框架，如图3-1所示。

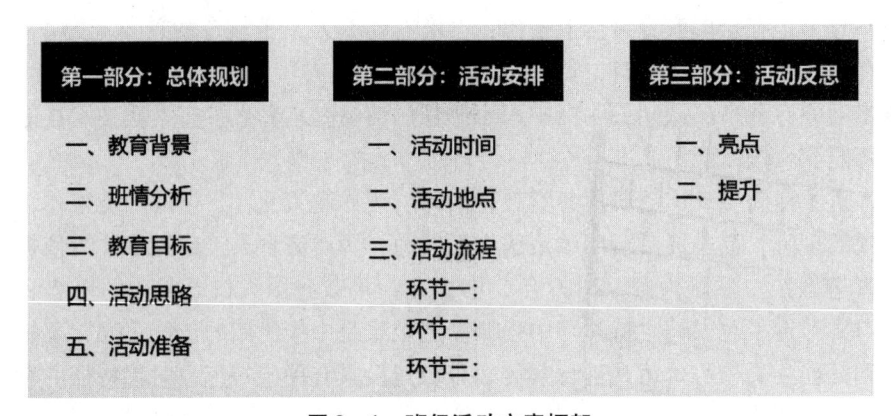

第一部分：总体规划	第二部分：活动安排	第三部分：活动反思
一、教育背景	一、活动时间	一、亮点
二、班情分析	二、活动地点	二、提升
三、教育目标	三、活动流程	
四、活动思路	环节一：	
五、活动准备	环节二：	
	环节三：	

图3-1 班级活动方案框架

撰写方案内容时，有三点需要注意：

第一，教育目标要从认知、情感、运用这三个维度进行设立，从而实现知信行有机统一的目的，达到入脑入心入行的教育实效。认知目标是希望学生掌握哪些知识和内容，通常会用"了解、理解、明白、知道"等词语表述，情感目标是希望学生获得怎样的情感体验，通常会用"认同、感悟"等词语表述，运用目标是希望学生实现哪些行为的改变，通常会用"学会、掌握、践行"等词语表述。

第二，活动的实施过程要坚持三贴近原则，遵循学生的认知规律，按照"导—知—信—行—拓"五个步骤围绕主题层层递进，逐步展开，从而最大限度地提升活动效果，实现教育目标。图3-2展示了"孝老敬亲"班级活动的设计思路。

第三，根据比赛文件要求，班级活动是本班级一次主动开展的学习宣传教育等方面的活动。言下之意是要求我们在设计活动时，不能将其设计成一个系列活动，活动时间在一天内完成比较适宜。

（二）主体突出，高招聚神

每个学生都是一个鲜活的生命个体，而教育的工作准则是一切为了学生，为了一切学生，为了学生的一切。这就要求我们要将学生的特点和成长需求作为立足点，设计与实施班级活动，重视学生的参与度，凸显学生的体验感和获得感。

活动前，鼓励学生大胆参与组织策划工作，尊重学生喜好和需求，探寻学生喜闻乐见的活动模式、开展形式、活动嘉宾甚至活动奖励，使学生成为班级活动的设计者。活动中，引

导全员、全程投入到各个环节项目中，让学生脑袋转起来，嘴巴说起来，手脚动起来，帮助学生在体验中解决自身困惑、获得成功体验。活动后，指导学生主动反思收获与不足，督促学生完成活动拓展任务，提高活动的延伸教育效果。

（三）形式新颖，高招成势

要想将班级活动办得有滋有味、有声有色，就要在活动形式上下功夫，在紧密结合班情和专业特色的基础上，注重创新和丰富活动的形式和内容。

活动场所可以选择教室外的与主题相关的各类校企合作单位、教育基地等，如"校园暴力"主题可以在少管所、模拟法庭开展；"爱国主义教育"主题可以在烈士陵园、红色基地开展。教师可调动身边一切能调动的资源，带领学生更多地走出教室，走进社会，在真实的环境中体悟主题的目的。

活动形式不仅局限于主题班会，还可以以游学、实地参观、任务打卡、企业宣讲等形式开展，如"抗疫精神"主题，可以让学生参加校园防疫先锋队的志愿活动，穿上防疫服体验医护人员的工作，从而更好突破活动教育目标。

四、精练述题，助力出彩

选手形成具体方案，撰写成文后，还要向评委展示活动方案。根据实际情况，展示分为两种方式。

第一，现场向评委介绍班级活动设计方案。"首因效应"表明，第一印象输入的信息会对后面的认知产生直接的影响。因此选手进行汇报时，重视提升自身的软硬条件，形象自然大方、思路清晰严谨、语言精练明了，避免口语化和口头禅，辅之以汇报课件，在合理的时间内将活动的设计思路、活动重点、活动亮点等内容汇报给现场的评委。

第二，拍摄班级活动实录。文件对实录的要求是不超过30分钟且一镜到底的活动过程。班级活动要实现"知、信、行"三维目标，通常30分钟是不够的。因此我们的实录内容可能只是我们整个班级活动的其中一到两个环节，同时比赛要求要一镜到底，这又对活动场所和活动内容的设计产生较大的限制影响。如何在有限的时间内既要给评委呈现一个相对完整的活动，又要尽可能多展示丰富又新颖的活动形式和内容，是对每一位选手的能力考查和挑战。正如前文所言，我们从以下几方面下功夫：一是做好活动现场的布置工作，教师和学生的精神状态要饱满，让评委有眼前一亮的感觉。二是活动的开展形式除了新颖外，最好能与班级建设方案的内容与措施相互呼应，相互印证。三是把握视频开头的两分钟，选手发挥自己的魅力和智慧，借助语言、视频等手段抓紧评委的眼球，帮助评委了解更多实录无法具体呈现但又重要的班级活动内容。

大赛获奖作品展示一：

及时行孝　老人欢笑
——孝老敬亲主题活动设计方案
佛山市顺德区郑敬诒职业技术学校：李慧文

第一部分　总体构想

一、教育背景

习近平总书记指出：要把弘扬孝亲敬老纳入社会主义核心价值观宣传教育，建设具有民族特色、时代特征的孝亲敬老文化。孝老敬亲是中华民族的优良传统，我们要在全社会大力提倡尊敬老人，关爱老人，赡养老人，大力发展老龄事业，让所有老人都能有一个幸福美满的晚年。

二、班情分析

本班是珠宝专业二年级的学生，他们正处于青春期，此阶段学生的重要他人是同伴，因此，他们虽然有孝老敬亲的观念，但因年龄阶段特点，会把更多的时间放在与同伴的交往上，忽略了与家人和祖辈的相处。

三、教育目标

（1）认知目标。
了解老人的生活现状，知道孝老敬亲的方式。
（2）情感目标。
认同及时行孝的重要性，增强孝老敬亲的意识。
（3）行为目标。
按照小组约定，在孝老敬亲周开展"六个一"活动，并在今后的生活中，落实孝老敬亲，践行孝老敬亲。

四、活动思路

活动思路详见图 3-2 所示。

重温总书记教诲
平台发布微课学习任务，了解孝老敬亲相关知识。
【知】

倾听敬老故事
开展班级特色活动《琢玉会客厅》，挖掘同辈感人的孝老敬亲故事。
【信】

走进老人生活
重阳节走进敬老院开展孝老敬亲志愿活动。
【引】

开展孝敬活动
开展为期一周的孝老敬亲周，按照"六个一"的约定，每天完成一项孝老敬亲活动。
【行】

评选孝敬达人
孝老敬亲周结束后，评选孝老敬亲达人，并邀请家长颁奖。
【拓】

图 3-2　"孝老敬老"班级活动设计思路

五、活动准备

1. 教师

（1）联系敬老院，沟通协调志愿活动事宜。

（2）邀请会客厅嘉宾，确定访谈流程。

（3）布置琢玉会客厅活动现场。

（4）向学校报备志愿活动方案，给学生购买意外险。

2. 学生

（1）登录智慧职教平台，学习微课内容。

（2）准备访谈提纲，请老师给出指导意见。

（3）每位学生书写孝老敬亲中最感动家人的一件事，折成纸飞机。

第二部分　活动安排

一、活动时间

2020年10月25日。（农历九月初九重阳节）

二、活动地点

社区敬老院

三、活动流程

环节一：微课学习，温习书记教诲

在智慧职教平台发布微课学习任务，教师帮助学生了解我国目前的孝老敬亲形势，学习习近平总书记关于孝老敬亲的相关讲话和指导精神。

环节二：志愿活动，走进老人生活

重阳节当天，教师可组织学生走进当地社区敬老院，开展孝老敬亲志愿服务活动。（图3-3）一是帮助老人家打扫卫生，根据访谈提纲，运用话家常的形式了解老人家的生活现状和需求。二是与老人家同聚一桌包饺子、煮饺子、吃饺子，初步体验孝老敬亲带来的快乐。

活动目的及预期效果：通过与老人的相处，了解老人的生活现状，倾听老人的故事，收集老人的需求，达成认知目标。

图3-3　走进当地社区敬老院，开展志愿服务活动

环节三：开门迎客，倾听敬老故事

邀请何宇、毅宏两位同学做客班级特色活动——"琢玉会客厅"，开展一次以"孝老敬亲"为主题的访谈。如下。

何宇运用自己的专业技能为奶奶制作了一个荷花手镯，弥补奶奶在搬家时丢失爷爷生前信物的遗憾。奶奶收到手镯后喜极而泣，跟现场的观众吐露心声："收到礼物固然开心，但比收到礼物更开心的是孙子何宇近段时间的陪伴。"

毅宏回顾了童年时，爷爷省吃俭用为他买一双球鞋的故事，惋惜现在想要送爷爷礼物却因爷爷过世而无法送出。最后献唱《时间都去哪儿了》，表达对爷爷深深的思念。

活动目的及预期效果：通过同辈何宇和毅宏的故事，深刻地感受到"树欲静而风不止，子欲养而亲不在"的现状，认同及时行孝的重要性，达成情感目标（图3-4）。

图3-4 何宇、毅宏做客"琢玉会客厅"

环节四：小组定约，开展孝敬活动

以游戏形式，学生放飞写有孝老敬亲中最感动家人一件事的纸飞机，老师随机选取几个纸飞机分享里面的内容，与学生一起归纳孝老敬亲的好方法。

班级将重阳节后的一周设为"孝老敬亲周"，各小组根据前面的分享和生活经验，讨论后定下"六个一"的约定。学生在活动后每天完成一项孝老敬亲活动，并让家人给其打分。

活动目的及预期效果：以孝老敬亲周为契机，将孝老敬亲落到实际行动中，养成自觉孝老敬亲的美德，达到行为目标。

环节五：活动拓展，评选孝敬达人

孝老敬亲周结束后，班级组织评选孝老敬亲达人，举行隆重的颁奖仪式，邀请家长为获奖者颁奖。

活动目的及预期效果：对孝老敬亲达人进行宣传，在班级形成健康的舆论环境，传播正能量。

第三部分　活动反思

本次活动以学生为中心，坚持三"贴近"原则，遵循"知信行"步骤，有效地达成了教育目标。

（1）发挥学生主观能动性。通过志愿服务、孝老敬亲周等活动，提高学生的参与度和积极性。

（2）发挥朋辈引领作用。借助琢玉会客厅的形式，邀请身边的同学分享孝老敬亲故事，增强思想认同和情感共鸣。

全国班主任能力大赛一等奖获得者分享二：

五真五新法，打造优秀班级活动

深圳市蛇口育才教育集团山海学校：张日威

（2020年全国职业院校技能大赛中等职业学校班主任能力比赛一等奖获得者）

开展一次班级活动，活动前需要精心策划、周全准备，活动中师生要充分互动、观点碰撞、情感激发，活动后还要及时反馈和深刻反思。即便如此，活动效果也并不能尽人意。那么如何评价一次班级活动，笔者认为一要有实效，能够对学生的思想产生震动和影响，能够对学生的行为给与刺激和引导；二要新颖，从活动内容到活动形式，能够引起学生的强烈兴趣，使学生在全新体验中达到自我教育。班主任如何做，班级活动才能新颖有实效，且随笔者"五真""五新"展开叙述。

"五真"包括以下几个方面。

（1）真问题。班级活动的策划与实施，根本目的只有一条——解决实际问题。因此班主任要用心观察、深入理解学生的思想状态，敏锐把握教育生活中的痛点、热点、难点，抓住学生的真需求，呈现教育的真问题。只有抓住了真问题，师生才会真诚合作，才会探究问题如何解决。因此，在班级活动方案的"活动背景"里，就要开宗明义地说明组织活动的原因来源于班级实际存在的哪个问题，或者学生当前成长迫切需要解决的问题；问题的表象是什么，问题产生的社会学、心理学和教育学依据是什么。抓住真问题，是班级活动走向有效性的第一步。

（2）真设计。一份真设计，应该紧扣学生的心理特点、认知特点以及思维水平，同时还要将教育资源和物质条件纳入考量范围：现有条件下，我们能够采取什么样的途径和方法，来达成教育效果。真设计还有一层意义，就是活动设计要层层递进，有一定的逻辑性；在这一点上，班级活动与主题班会是一样的，设计环节要遵循学生品德形成规律，即"道德认知——道德情感——道德意志——道德行为"的逻辑顺序。班级活动是思想性和教育性相统一的活动，其内在自有逻辑性。切忌班级活动拼凑化、娱乐化。一份真设计，是班级活动走向实效性的底气所在。

（3）真参与。全体师生全身心地投入活动过程，积极主动地思考、表达和参与。班级氛围是活跃的，学生思想是灵动的，教师引导是自然的，整个场域是和谐的、激烈的、惊喜的；若有旁听者，会不由自主沉浸其中，跟随活动节奏进入"无我"状态。而一场没有真正参与的活动，班主任照本宣科，说着一堆假大空话，事先安排的发言者中规中矩，活动节奏稳步前进，这样的活动适得其反——学生看到老师是如何弄虚作假、如何敷衍应付，班主任白白错失一场真教育发生的良机！真参与，是班级活动走向实效性的直接佐证。

（4）真生成。班级活动需要有一定的预设，但更应该重视活动的现场生成。作为活动的组织者和引导者，班主任应该营造宽松从容的氛围，让学生在活动中体验，在体验中思考，在思考中感悟，在感悟中形成正确的价值观。即便班主任在活动前准备周全，在实际开展活动过程中，总有一些让人"意外"的对话和互动。班主任应该珍惜这样的"节外生枝"，因为真实的生成反映学生真感情、真体验、真领悟，是学生道德水平发生的必然过程。捕捉活动中真实的生成细节，让教育在每一个场景里自然地发生，这是班级活动走向实效性的又一法宝。

（5）真反思。活动设计是否符合学情，活动开展过程中实施的每一个环节是否得当，活动是否达成了预设目标，是否真正解决了班级问题，这些都是反思内容。另外，还可以总结下活动的亮点、特色，以及收获哪些意想不到的效果，甚至挖掘下学生在活动中的表现和状态，与整体生长节奏之间的关系。没有实践就没有反思，没有反思就没有感悟，没有感悟就没有提升；唯有深刻的反思和及时的纠正，班级活动才能彻底走向实效性。

"五新"包括以下几个方面。

（1）理念新。教育理念新颖，关系到三个方面：可以避免价值观的强制与灌输，可以保证在活动中切实发挥学生的主体作用，可以最大程度地杜绝活动组织中的"新形式主义"——假借活动之名，行灌输之实。对于德育所起作用，主题班会课和班级活动等显性德育固然会发生作用，但师生交往、班级文化、校园环境等潜在发生教育影响的隐形德育，因其形式及发生作用机制的特殊性，更容易让学生接受，更容易取得寓教育于无形的效果。对于学生在活动中是如何发生道德水平改变的，根据德育专家迟希新的看法，学生通过活动形成关于某一问题的强烈感受和体验，并在活动中逐渐形成自己的态度。但是，班主任还应该客观看待"德育之重""德育之难"，因为价值教育自身的多端性、复杂性和长期性等特质给价值教育带来了极大挑战。理念的切合实际，就是班级活动走向新颖性的重要步骤。

（2）素材新。班主任要想将班级活动开展得有声有色，必须建立素材库长期备用。通过阅读、浏览相关网站、关注优质公众号，搜集和积累大量素材；然后将素材按照主题进行分门别类，如笔者备赛时素材库里有爱国、传统文化、生命教育等八个主题；素材包括故事、视频、图片或者思维导图，总之，凡是能够给予启发、触动心灵、引人深思的素材，都会纳入到素材库中。作为班主任，不要学蜘蛛结网一样故步自封，认为自己的东西就是最好的；也不要学蚂蚁搬运一样，虽然非常努力，但照搬来的东西终究效果有限；优秀的班主任应该像蜜蜂一样，采集最精华的花粉，酿成最甜蜜的蜂蜜，懂得选择和改造，善于反思和建构，将学来的知识及时生成实践成果。

（3）活动新。素材毕竟是原始的，需要根据实际情况创设成形式多样的活动。一次成功的班级活动，要摒弃传统模式，进行创新模式设计，如常见的戏剧导入、情景场景、模拟对话、两难问题、轮流发言、小组讨论、辩论赛；图片、音乐、漫画、音频、视频、微电影；讲故事、新闻播报、读文章；调查问卷、表格呈现、采访访谈；才艺展示、游戏竞赛、表演小品；唱歌、朗诵、宣誓、集体签名、喊口号；家长参与、邀请嘉宾、网络连线，等等。例如，预防校园欺凌的班级活动，采用模拟法庭形式，效果别样生动震撼。活动形式多样有趣，是班级活动走向新颖性的重要保障。

（4）方法新。根据中小学生身心发展特点，可以采用恰当的德育方法达到教育效果。这里介绍两种：情感陶冶法和价值澄清法。情感陶冶法就是班主任通过设置情景、营造氛围让学生融入道德教育的环境，使学生在潜移默化中受到感染和熏陶，在耳濡目染中心灵受到感化；"以情育情""以境育情""以形育情"是常见的具体方法。价值澄清法适用于中学生，班主任通过对话引导学生思考并选择自己的价值立场，体验和澄清自己的人生态度，提高学生自身的道德修养。价值澄清法用得好，学生会体验到思维辩证的无穷妙处，班主任也会真正体会到引导的影响力。

（5）评价新。笔者曾用"十性"作为班级活动的评价量尺：明确的思想性和教育性、鲜明的时代性和针对性、学生的主体性和参与性、课堂的活动性和互动性、形式的多样性和创新性。这"十性"从主题、内容、对象、过程以及形式五个方面进行了规定，可以说是一种比较细致的评价方式。如果用简单标准来衡量班级活动，那就是"走心"。走心的班级活动，师生心灵深受触动，活动效果符合预期目标。因此，评价之简介凝练，是班级活动走向新颖性的又一力证。

大赛获奖作品展示二：

加把安全锁　守好钱袋子
——日常安全教育之财产安全教育主题活动设计方案

佛山市顺德区勒流职业技术学校：郭俊

第一部分　总体构想

一、活动背景

安全无小事，抓好安全工作是维护学校正常秩序，提高教育质量的基础。"安全第一，预防为主"，通过开展日常安全教育系列活动，帮助学生牢固树立安全意识，形成良好的安全防护氛围。为了增强学生的财产防范意识和财务避险能力，结合会计专业性质，让学生了解财务人员工作中涉及企业财产安全的内容，形成"安全人人有责任"的思想，养成良好的财产安全意识，防患于未然。

二、学情分析

本班会计电算化专业三年级的学生，在校期间由于财产安全意识薄弱常常出现自己的财产物资遗失的现象。班级下学期将到企业进行财务岗位实习，树立牢固的财产安全意识，熟知财务安全风险点，掌握财务避险技能势在必行。

本次活动开展时，班级有 35 名同学位于管控区无法返校，校内 7 名外地学生无法回家，因而利用腾讯会议采取线上线下相结合的方式进行本次班级活动。

三、活动目标

(1) 认知目标：了解财产安全的概念和保护财产安全的重要性。
(2) 情感目标：强化财产安全观念，增强保护财产安全的意识。
(3) 行为目标：掌握基本财产安全的技能，并能在会计专业实践中践行。

四、设计思路

活动设计思路如图 3-5 所示。

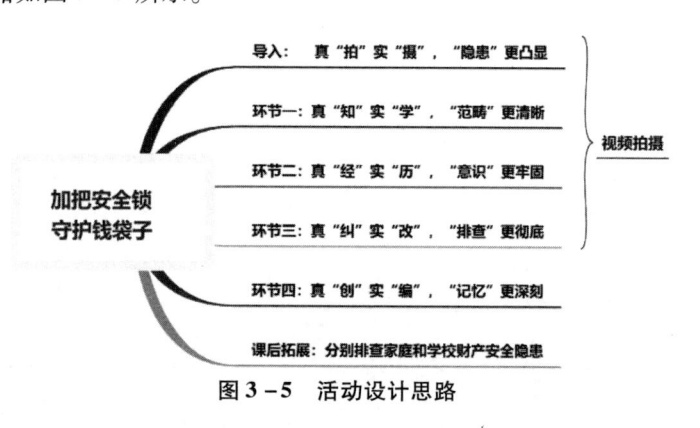

图 3-5　活动设计思路

全国班主任能力大赛一等奖获得者分享三：

润物无声，润德于心

中山市现代职业技术学校：常莹

（2020年全国职业院校技能大赛中等职业学校班主任能力比赛一等奖获得者）

全国中职班主任业务能力大赛决赛环节的班级建设方案实施情况介绍、班级活动策划、模拟情景处置、现场答辩四个环节中，班级活动策划是其中关键的一环。从实际出发，这个赛项应该是选手备赛难度最小的一项，因为对于一线班主任来讲，班级建设方案的汇报和模拟情景处置都可能从来没有过实践的机会，而班级活动的组织与开展，大多数班主任是有相关的经验的。但是，综合很多选手的赛场表现来看，班级活动策划居然是最难出彩的一环。无论是参赛选手应对比赛，还是广大一线班主任实际带班，对于要组织怎样的班级活动、怎样组织班级活动，都有或多或少的疑惑。本人认为，班级活动作为德育和班级管理工作的一个重要手段，其与其他手段和途径最大的区别在于，班主任们通过班级活动能够最大限度的实现"教育无痕"，即寓教育的目的于素材和环节之中、让学生在活动交往的多方面影响中形成良好的思想道德品质。班主任在班级活动设计与组织中能做到以下的"以'四有'促进'四无'"，就能极大程度上让我们的班级活动发挥其应有的育人功能，以优质的活动润德于心。

一、主题切入有现实性，引入参与无限碍

无论是参加班主任业务能力大赛、还是一线班主任工作，我们在着手进行班级活动设计时，通常都面临着一个较为宏大的主题。如下文所示，2022年全国中等职业学校班主任业务能力大赛决赛环节班级活动策划赛项的部分赛题。

（1）习近平新时代中国特色社会主义思想教育。
（2）党史、新中国史、改革开放史、社会主义发展史教育。
（3）社会主义核心价值观教育。
（4）爱国主义教育（包括但不限于红色教育、缅怀英烈等）。
（5）学习宣传贯彻党的二十大精神。
（6）集体主义教育、团结协作教育。
（7）中华优秀传统文化教育、文化自信教育。
（8）奋斗精神培养、责任担当意识培养。
（9）孝老敬亲教育、感恩教育。
（10）生态文明教育。

当我们面对内涵如此丰富、外延如此宽泛的主题，如果班主任直接围绕主题进行活动设计和组织开展，活动很容易就落入泛泛而谈，学生的感知和体会也很大概率是浅尝辄止的结果。因此，班主任在围绕宏大的主题进行活动设计与实施时，首先要做的、也是重中之重的事情，就是在这个主题的范畴内，结合本班学生的实际，找到一个恰当的、能引起学生强烈

共鸣的切入点。那么,这个切入点要如何才能找准、找得恰如其分呢?本人认为,可以从以下几个方面入手:

第一,解决班级当下较为严峻的问题。

班级活动是以促进学生思想品德形成和发展、提升建班育人成效为最终目的的。要实现这样的目的,那就首先要解决班级集体层面的、或者是学生层面中较为普遍存在的问题。所以,从问题入手选取活动的切入点,从大主题聚焦到小问题,就能有效解决主题宏大、脱离现实的问题。如果是作为参赛选手,需要完成命题的活动设计,则需要找到赛题规定的主题与班级当下存在问题的交叉点,这个交叉点就是破题的切入点,同时也是参赛的班级活动设计作品的主题。

第二,把握学生目前较为急切的成长需求。

如上所述,是不是班级暂时不存在问题就没有组织班级活动的必要或可能性呢?在比赛中,如果选手所抽到的主题恰好所带班级并不存在相关问题,是不是就没有办法找到切入点了呢?当然不是。无论是班级整体还是学生个体暴露出的所谓问题,其实本质上都是学生成长需求的一种体现形式,而学生成长需求远不止问题这一种体现形式。因此,从学生现阶段最急切的成长需求入手,也能帮助班主任准确找到活动主题的切入点。

第三,抓住能够成为教育契机的关键时间节点。

从上文提及的班主任业务能力大赛决赛环节班级活动策划赛项的部分赛题可以看出,有很多赛题规定的主题带有很强的时间属性,如爱国主义教育、孝老敬亲教育等。类似这样的主题,班主任可以结合关键的时间节点去选取切入点。其他的主题虽然并没有自带时间属性,但是我们也可以人为的将其与现实中学生关键的成长节点联系起来。比如,本人曾在班级开展劳动精神教育主题的活动,活动开展的时间是本班学生高二年级开学初,学生刚刚考取了专业证书,产生了一定的自满情绪,在专业课程中出现了明显的自我要求降低的情况,学生中普遍出现了缺乏刻苦钻研、精益求精品质的现象。本人即从"学生考取专业证书后"这样的关键时间节点入手,对学生开展劳动精神教育。

二、环节设置有逻辑性,引领生成无障碍

有了小、近、实的主题,班主任开始思考生成整个活动的逻辑思路。一次合格的、能有效引领学生深入体验、流畅思考的活动,首先一定有一个逻辑清晰、顺畅的流程。较为常用的活动思路如下:

导入激趣—引思明理—情感认同—体验导行—拓展延伸,即我们经常提到的"导—知—信—行—拓"五步,以这五步实现"知—信—行"三维活动目标。只有符合认知逻辑的班级活动,才能让学生在"知、情、意、行"的统一中实现思想品德的完善,才能真正发挥活动应有的作用,即塑造思想、塑造灵魂的作用。

虽然这样的活动设计的理论已经得到了非常广泛的传播,但是在实际的工作中,我们仍然遗憾的看到还是有数量巨大的班主任无法十分精确的把握这五步,设计出逻辑合理、清晰的班级活动。具体来说,导入环节需要让学生初步感知到本次活动的主题是什么、学生需要朝着哪个方向去思考和生成。学生带着这样的初步认识,进入认知环节,通过素材的解读或活动的体验了解到围绕活动主题学生应该知道的内容。学生建立了认知后,并不代表就真的知道了,接下来就需要一系列的环节引导学生真的认同活动传递的价值观念。继而,学生要将建立好的认知、深刻的情感认同用于行为的指导。并且在活动后的拓展环节，进一步将行为落实到日常的学习和生活中。

三、活动形式有趣味性，引导主动无妨碍

班主任对活动有了逻辑清晰、符合青少年思想品德发展规律的环节设计后，就需要选取丰富且恰当的形式撑起整个设计，使活动的设想得以有效地实现。班主任在选择活动形式时，在综合考虑活动主题本身的性质和特点、现实条件等因素的基础上，应尽可能的提升活动形式的趣味性和吸引力，从而充分激发学生的主动性和积极参与，真正实现以学生为主体、引导学生在主动探究中收获真知、真情、真行动。

想要提升活动形式的趣味性，本人认为可以从以下几个方面着力：

第一，充分考虑中职生的年龄阶段特征。中职生正处于自我意识高度发展的阶段，再加之现阶段的在校中职生均为"零零后"，作为"互联网原住民"的他们，接收信息途径广泛，对"个性化、自主化"的追求更是达到了新的高度。面对学生这样的特点，班主任再选择活动形式时要尽量多样化，项目研究、采访汇报、定向越野、游戏闯关、剧本杀、情境体验、合作探究、观看视频、讲述故事、交流分享等，而不是简单的看完视频又看视频、个人分享之后又是小组分享。并且，在条件允许的情况下，将活动的场所放在校外主题教育基地、校外实训基地、学校的主题教育活动室等，充分发挥环境本身的育人功能。

第二，充分利用新时代的新技术新设备。当活动必需的人员，如专家、企业人员、优秀毕业生等由于现实原因无法到场，班主任可以选择视频连线等形式，实现学生与嘉宾的云端互动。当活动中需要的场所在现实条件中无法实现时，班主任可以安排学生通过VR眼镜等设备，实现时空的跨越，以身临其境的现实感熏陶、激励学生。利用学习平台、网络互动平台等充分利用活动前的时间，为活动的开展做足准备，也是信息化手段为班主任组织班级活动提供的重要有利条件。

四、素材选取有针对性，引发思考无阻碍

当活动已经有了小、近、实的切入点，也构思好了清晰的逻辑、恰当的形式，最后，就需要班主任用丰富且契合度高的素材填充活动，使整个活动有框架的基础上同时有血肉，丰满起来。

素材的选取要针对中职生的认知发展和身心发展规律，不能过于超前、也不能过于低幼化。中职生正处于人生的"拔节孕穗期"，他们的认知发展已经具备了一定的思辨性，但却尚未形成成熟的辨别是非能力，加之社会上多元文化交流交融交锋，对学生产生了极大的影响。基于此，活动素材的选取要能引起学生思考、有讨论的余地，但又不能过于复杂、超出学生的认知能力范围。

素材的选取还要针对活动环节的需求，能够有效支撑起活动的环节、让每个环节发挥其理想的育人功能。班主任在选取素材时要充分代入学生角色，从学生的角度出发考虑该素材是否能引导学生或体验、或思考、或感悟得出活动预期的目标，这是至关重要的一环。很多事实表明，有很大数量的一线班主任或比赛的参赛者，对于素材的选取陷入了"一厢情愿"的误区，即班主任认为素材是合适的，但从学生的角度来看却是另一种效果。

素材的选取还应针对学生所处专业的特点。同样是以"工匠精神"为主题的活动选取

优秀榜样的案例,针对平面设计专业、数控专业、烹饪专业的班级,班主任选取的素材应该是截然不同的。因为只有贴近学生、贴近专业、贴近实际的素材,才能引起学生的强烈共鸣、产生向往与效仿的动力。此外,不同专业的学生在学习生活中形成了不同的思维模式和技能特点,班主任在选取素材时也要充分考虑这一点。例如,针对电子专业的班级,班主任可以设置精细化操作的活动;而针对婴幼儿托育专业的班级,班主任就应该多考虑充满温度和人文关怀类的素材。

大赛获奖作品展示三：

单色不成虹

——2019级平面设计专业"虹·梦"班团结协作教育活动

中山市现代职业技术学校：常莹

一、总体策划

（一）活动背景

习近平总书记在十九大报告中指出，要加强思想道德建设，加强集体主义教育。《新时代爱国主义教育实施纲要》中也指出，要大力弘扬民族精神和时代精神，广泛开展爱国主义、集体主义、社会主义教育。中职生处在人生的拔节孕穗期，是思想品质形成的关键阶段，也是可塑性最强的时期，在学生中开展集体主义教育、团结协作教育是中职德育的伟大使命。

（二）班情分析

"虹·梦"班为19级平面设计专业班级，全班共34人，其中男生18人、女生16人。学生具备独立思考能力，对自我成长表达了较强的意愿。但本班正处于建班之初，尚未形成有凝聚力的班集体，学生对如何处理个人与集体的关系感到迷茫，对团结协作的重要性认识不足。急需进行团结协作教育，解决学生疑惑，满足成长需求。

（三）活动目标

（1）认知目标：认识到个人的能力是有限的，团结协作才能产生最大的收益。

（2）情感目标：在对集体的贡献中体会个人价值感。

（3）行为目标：能够在今后的学习生活中主动为班级增光添彩。

（四）设计思路

学生的思想品德是在活动交往中受多方面的影响形成的，并且是一个长期的、复杂的、逐步提高的过程。基于此，结合教育背景和班情，针对集体主义、团结协作教育主题，我组织学生策划系列教育活动，本次活动是系列教育活动中重要的一项。

确定以主体教育理论贯穿活动，"尊重主题，激发主动"，通过"导入激趣—引思明理—情感认同—体验导行—拓展提升"五个步骤，实现三维教学目标（表3-1）。

（五）活动准备

（1）时间准备：2课时。

（2）场地准备：图画教室。

（3）道具准备：水粉、画笔、白纸

（4）人员准备：全体同学分成三组。

二、实施过程

表3-1 "虹·梦"班主题教育实施过程

活动环节	内容安排	设计意图
一、导入激趣——导活动主题	视频导入，激发情感。 播放学生自制的视频，视频中介绍了本班"虹·梦"班班级文化建设的情况。同学们看到这一段时间彼此为了班级的文化建设所付出的努力，唤起个人价值感和集体归属感。	根据主体教育理论，要尊重学生的主体地位、激发学生的主动参与。本环节引导学生换个视角观看经历过的事情，唤起学生的主体意识。
二、引思明理——知个人力微	1. 派发工具，单人作画。 每一位同学选取自己最喜欢的颜色，但只能选取一种，在白纸上自由作画。 2. 完成作品，提问启思。 你选择的是自己最喜欢的颜色，那么你对自己画的画满意吗？为什么？ 3. 教师寄语。 每个人都有自己独特的色彩，老师万分珍视你们的色彩。但一个人的色彩总是单调的。	结合专业特色的活动内容，易于激发学生的主动参与。 通过画作的质量，直观的感受个人力量的微弱。学生在作画的过程中，会对其他同学手中的颜色产生渴望。
三、情感认同——感团结之重	1. 结成小组，合作作画。 学生按照课前自由组建的小组，大家运用自己的色彩，商讨绘制内容，合作作画。 2. 展示作品，畅谈感受。 各小组向大家展示自己的作品，与之前单人独自做的画进行对比。 提问：这次作画和上一环节相比，你有什么不同的感受？ 3. 教师寄语。 拥有不同色彩的你们汇聚到一起，果然绘制出了更加美丽的图画。这幅美丽的图画是你们共同努力的结果，每一个人的力量都不可或缺。	承接上一阶段，学生对其他颜色产生了渴望，于是马上满足他的渴望。通过满足主体需求激发主体进一步的主动参与。 通过直观的画面，学生对团结协作的重要意义产生认同。
四、体验导行——笃协作之行	1. 快问快答，寻找对策。 以情景展示问题，内容均为在接下来的班级建设中，有可能会遇到的事情，这些事情的共性是需要同学们共同努力才能达到力量的效果。请同学们给出对策和做法。 2. 主题升华。 展示课前准备的道具——由黑色笔画出的中华人民共和国完整版图和本班的班徽。全班同学用自己手中的颜色，团结协作为中国地图和班徽涂上颜色。	情景对今后班级建设和发展可能遇到的场景进行合理创设，由学生做出思考和应对，将团结协作落实到行动上。 让学生在共同涂色的过程中进一步升华集体主义精神和团结协作精神，并立志为班级发展增光添彩，更为祖国富强、民族复兴、人民幸福贡献力量。

续表

活动环节	内容安排	设计意图
五、活动总结——思活动收获	教师总结，表达期望。 教师肯定全班同学对活动的积极参与和认真对待，高度赞赏和肯定学生积极思考解决问题和战胜困难的决心。 "虹·梦"班刚刚建立，期待拥有自己色彩的每一位同学，在这个班级里汇聚成美丽的彩虹。	班主任在整个活动过程中一直充当一个观察、后方把控的角色，在活动尾声一定在总结中体现出班主任对活动的积极关注、对学生付出和成长的敏锐捕捉。对活动的主题进行总结和升华，帮助学生提升思想认识。以激励学生在今后的活动中更加积极、认真参与。
拓展提升——引未来行动	完成"虹·梦"班班级共建行动表，根据班级建设目标，填写"我的态度"、"我的行动"等内容。完成后张贴于班级公告栏，每月进行阶段效果自我检阅。	

全国班主任能力大赛一等奖获得者分享四：

细微之处见风范　毫厘之优定乾坤
——大赛班级活动方案设计技巧

佛山市顺德区勒流职业技术学校：郭俊

（2022年全国职业技能大赛中等职业学校班主任能力大赛一等奖获得者）

2022年全国班主任能力大赛尘埃落定，我也静下心来反思自己在各个赛项中的优势和不足，思考如何设计班级活动方案才能在高手如林的大赛中脱颖而出。

我认真分析了参赛的几个作品：初赛的"走技能报国之路"主题班级活动、"学习新职教法"主题班会，决赛的"安全教育"主题班级活动，通过参赛，我发现自己的优势在于以下几点：1.紧密结合专业特性。能根据本专业的特点设计富有专业特色的活动环节，并能让这些环节为主题服务。2.自细微处着手设计。我的活动设计三维目标都能聚焦于学生实际情况，从小处着眼，能落地、好实践。3.活动环节包含巧思。活动形式多种多样，不落窠臼，避免俗套。

接下来我就从国赛初赛的主题活动入手来进行解析。

根据国赛初赛文件要求，参赛者需要结合《教育部办公厅关于在职业院校开展"技能成才　强国有我"主题教育活动的通知》（教职成厅函〔2022〕3号）有关要求，以喜迎党的二十大胜利召开、"四史"学习教育、学习贯彻习近平总书记在庆祝共青团成立100周年大会上重要讲话精神、爱国主义教育、走技能报国之路等为主题设计字数不超过1500字的主题活动方案。

考虑到所有的参赛者都需要围绕几个类似主题来做文章，撞题的可能性非常高，需要设计非常有新意才能脱颖而出。我选择了"走技能报国之路"为主题，并通过课前问卷调查，准确分析学生。

（1）我所带的会计电算化专业201班很快就进入高三，即将升入对口的高职院校。

（2）通过前期的系列活动，他们理解了技能报国的含义，但对于技能报国的理解比较空泛，不明晰财会人员的技能报国途径，不了解作为一名中职会计专业学生如何实现技能报国的理想。

于是，我结合学生基本情况和会计专业特点进行了以下思考：

初步思路：会计专业有什么技能？——会计人才如何成长？——会计人才如何技能报国？——普通会计学生如何技能报国？

发散思考：

（1）会计是处理凭证和数据、需要一定团队协作的工作。

（2）会计人员有助理会计、会计主管、财务总监、总账会计等。

（3）会计人员踏实做好会计核算与监督，能为国家和企业守护财产。

（4）普通会计学生踏实学好专业技能才有机会成为会计人才。

有了以上的思路后，我精准制订活动目标，确保三维目标可落地、好执行。

（1）认知目标：理解技能报国的内涵，明晰财会人员的技能报国途径。

（2）情感目标：认同财会人员做好本职工作同样也能绽放光彩，技能报国，通过感悟提升同学们的技能报国决心。

（3）行为目标：能真抓实干，做好学习生活中的每一件小事，培养真才实学。

活动主体内容采用学生喜欢的游戏形式，设计了职场体验人生的桌游，从同学们毕业后走入职场开始，通过修炼技能不断升级，让他们直观感受到专业技能、职业道德在成才之路上的重要性。

从而确定了活动的题目为"财会小匠技能报国 一路升级打怪——走技能报国之路主题活动"，带领全班同学来到校企合作的会计事务所，通过参观过程中的真听真看真交流，让学生近距离观察财会人员的工作状态，了解财务工作所需的专业技能，感受专业技能、职业素养的重要性。参观结束后，到事务所的活动中心开展活动。具体安排如下：

一、决赛——常规选题怎么出彩

活动部分的第一个环节是"真言论证引技能报国主题"。

通过课前调查，我发现同学们对"报国"的理解有很大局限性，认为普通的财会中职生没有能力"报国"。我通过分享课前小调查《我理解的报国》作活动引入，展示高频词吸引学生注意力，邀请学生说一说对"报国"的理解。

在这里，我引入了班级建设方案中提到的班级特色活动——《真言论证》栏目，这是班级为学生创造的平等对话平台，通过共辩议题的形式，打开学生的思维视野。我选择了"专业技能能否报国？"这一议题，引导学生进行群议，达成共识。

接着进入第二个环节——"榜样引领提技能报国信心"。邀请"区最美财会人"、领一事务所黄经理进行榜样故事分享，由拥有中职教育背景的黄经理讲述自己的成才故事。接着，我做出小结："普通人坚守本职工作，把平凡的岗位做到极致也能报国。"通过这一环节，帮助学生理解"报国"的内涵，激励学生在平凡岗位上苦练专业技能、提升职业素养，坚定技能报国信念。

第三个环节"职场模拟悟技能报国途径"，带领全体学生参与到模拟职场桌游中，通过学生喜欢的游戏形式，体验财会人员技能成才之路（表3-2）。

表3-2 模拟职场桌游

年数	具体活动	活动目的
第一年	全体前进一格	体验职业适应期
第二年	全体前进一格	
第三年	助理会计挑战——2分钟审核凭证	体验财务数据决不能算错，错误的小组获得"BUG卡"
第四年	魔王陷阱——大魔王给出不正当的"权""钱""名"等诱惑陷阱	通过小组讨论回答如何利用职业素养和职业道德躲开陷阱
第五年	会计主管挑战——2分钟账表算	体验财务数据决不能算错，错误的小组获得"BUG卡"
第六年	魔王陷阱——大魔王给出不正当的"权""钱""名"等诱惑陷阱	通过小组讨论回答如何利用职业素养和职业道德躲开陷阱

续表

年数	具体活动	活动目的
第七年	财务总监挑战——团队3分钟搭纸塔	团队用会计点钞券搭纸塔，尽量搭得更高。必须把本组BUG卡用到纸塔中，搭建完毕后教师抽走BUG卡，体验财会人员做假账、错账会给企业"财务大厦"带来的影响

游戏将财会人员的成才之路简化成"助理会计师""会计主管""财务总监"三个阶段，游戏的起点是毕业的第一年，每年自然前进一格，完成职业挑战可额外前进一格。在职业生涯启航之前，我发出了"起点三问"——"你们拥有或将要拥有大专以上学历吗？你们能在三年内考到初级会计师证书吗？你打算继续深造读本科吗？"从"学历"和"证书"两个关键词入手，引发学生的思考："职业成才的路上学历和证书固然重要，能决定我们出发的起点，可最后谁能率先到达成功的顶点，还会受到哪些因素的影响呢？"

会计工作是一项依靠团队协作完成，以审核凭证和处理数据为主要内容的工作，需要从业人员具备诚信、谨慎等职业素养。根据以上分析，我将桌游职业生涯体验设置了7年，其中第一年和第二年是职场适应期，没设置挑战；第三、第五、第七年设置职业挑战，体验技能的重要性；第二、第四年设置大魔王陷阱，考验职业素养。

桌游体验结束后，邀请学生分享：游戏获得了哪些启示？通过学生喜欢的游戏形式，体验财会人员技能成才之路，感受扎实专业技能和良好职业素养的重要性，激发学生技能学习的决心。

最后，活动进入第四个环节"脚踏实地强技能报国本领"，学生们已经了解扎实专业技能的重要性，落实到具体行为上应该怎么做呢？

我带领全班运用SMART原则，每人拟定三个短期目标，可以是技能训练、专业学习、行为习惯等，通过目标管理帮助学生确定行动方向。再结合班级《个人成长日记账》，鼓励学生根据自己技能薄弱项，新增"专业技能训练"科目，记录每日进步，用自律对计划的履行情况进行自我监督。通过这一环节，将技能报国的理想落实到学习生活的每一天、落实到细微处。

课后，我依照文件要求组织学生参加"未来工匠说"主题演讲，讲述自己在参观学习中的感受感悟，分享今后走技能成才、技能报国之路的具体打算和做法，将教育拓展延伸。

如何能设计出新颖有趣、符合学生个性特征的班级活动呢？我总结了以下几点原则：

（1）坚持从专业特点出发、从中职生认知出发。

例：学习二十大报告要如何设计主题班会？

答：①要认识到不同专业背景的同学，在读报告时关注点应该有所不同。教育类专业应关注教育政策、工科类专业应关注新技术发展、财经类专业应关注经济数据等。

②要从中职生认知出发，学习二十大报告落到实处应符合表现。学生通过报告的学习，能认识、了解到自己所学专业与国家发展紧密联系，自己的前途命运与国家的建设发展紧密联系，从而激发学生学习技能的决心和信心。

（2）设计的着眼要细、站位要高、落点要低。

例：传承五四精神要如何设计主题活动？

答：设计之前我们可以思考几个问题：什么是"五四精神"，学生如何体验？五四精神在当今社会如何运用？传承五四精神应该怎么做？在回答这几个问题的过程中，将"高大上"的主题一步步落地。

（3）沉浸式、体验式、互动式的活动设计。

要逐渐摒弃完全说教式、看视频谈感受的活动形式，多采用沉浸式（创设情境，让学生百分百、全身心投入其中）、体验式（以活动开始，先行后知）、互动式（多方交互的活动）的活动形式。

（4）有明确设计意图的活动才是有意义的。

切记"不能为了玩游戏而玩游戏，不能为了搞活动而搞活动，要能给出明确的意图和理由"。

总之，作为一名一线班主任，我们要拥有一双善于发现的眼睛，把电视节目、网络平台、各类书籍都变成素材库，积极积累素材，并坚持在日常的德育教学中进行探索实践，才能在赛场上短时间内设计一场新颖、有趣的主题活动。

获奖作品展示四：

财会小匠技能报国　一路升级打怪
——走技能报国之路主题活动设计方案

佛山市顺德区勒流职业技术学校：郭俊

第一部分　总体构想

一、活动背景

为贯彻落实习近平总书记在庆祝中国共产党成立100周年大会上"未来属于青年，希望寄予青年"的寄语精神，以实际行动迎接党的二十大胜利召开，教育引导学生衷心拥护党的领导和我国社会主义制度，培养爱国之情、砥砺报国之志，走技能成才、技能报国之路，履行好"请党放心，强国有我"的庄严承诺，特开展本次主题教育活动。

会计电算化专业201班很快就进入高三，即将升入对口的高职院校。通过前期的系列活动，他们理解了技能报国的含义，但对于技能报国的理解比较空泛，不明晰财会人员的技能报国途径，不了解作为一名中职会计专业学生如何实现技能报国的理想。

二、活动目标

（1）认知目标：理解技能报国的内涵，明晰财会人员的技能报国途径。

（2）情感目标：认同财会人员做好本职工作同样也能绽放光彩，技能报国，通过感悟提升同学们的技能报国决心。

（3）行为目标：能真抓实干，做好学习生活中的每一件小事，培养真才实学。

三、设计思路

主题活动设计思路如图3-6所示。

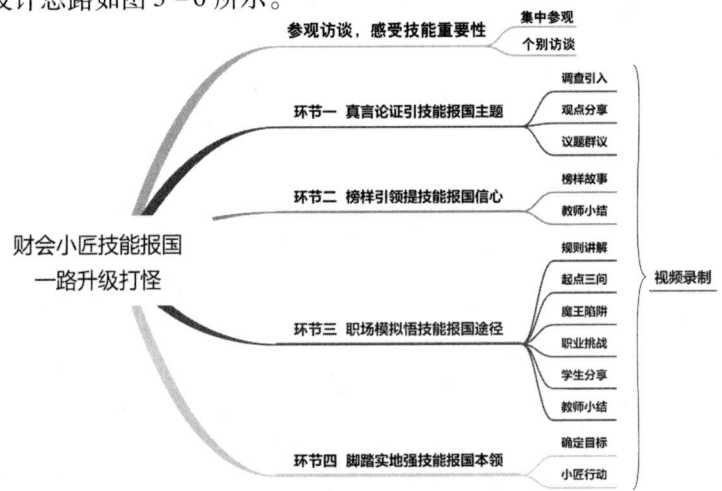

图3-6　"财会小匠技能报国一路升级打怪"主题活动设计思路

四、活动准备

第二部分　活动安排

一、活动时长

半天

二、活动地点

校企合作单位——领一会计事务所

三、活动流程

参观访谈，感受技能重要性

> 活动地点：领一会计师事务所各部门
> (1) 集中参观：在事务所人事经理带领下，有序到各部门参观。
> (2) 个别访谈：访谈个别员工，了解财务工作所需专业技能和职业素养。
>
> 【设计意图】学生通过参观过程中的真听真看真交流，近距离观察财会人员的工作状态，了解财务工作所需的专业技能，感受专业技能、职业素养的重要性。

环节一　真言论证引技能报国主题

> 真言论证：财会小匠议报国
> (1) 调查引入：课前小调查《我理解的报国》，公布高频词。
> (2) 观点分享：邀请学生说一说对"报国"的理解。
> (3) 议题群议：专业技能能否报国？
> 议题引申：专业技能能否报国——财会专业技能能否报国——普通财会中职生专业技能能否报国。
>
> 【设计意图】课前调查发现，同学们对"报国"的理解有很大局限性，认为普通的财会中职生没有能力"报国"。本环节开展班级平等对话的《真言论证》栏目，给学生创造畅所欲言的平台，通过共辩议题的形式，打开学生的思维视野。

环节二　榜样引领提技能报国信心

> 身边榜样分享：区最美财会人——领一事务所黄经理
> (1) 榜样故事：中职教育背景的黄经理讲述自己的成才故事。
> (2) 教师小结：普通人坚守本职工作，把平凡的岗位做到极致也能报国。
>
> 【设计意图】通过经理分享自己技能成才故事，帮助学生理解"报国"的内涵，激励学生在平凡岗位上苦练专业技能、提升职业素养，坚定技能报国信念。

环节三　职场模拟悟技能报国途径

模拟职场游戏：财会人员如何在职场成长？专业技能发挥哪些作用？

（1）规则讲解：将财会人员的成才之路简化成三个阶段，游戏的起点是毕业的第一年，每年自然前进一格，完成职业挑战可额外前进一格。

（2）起点三问：你们拥有或将要拥有大专以上学历吗？你们能在三年内考到初级会计师证书吗？你打算继续深造读本科吗？

（3）魔王陷阱：游戏过程中，同学们会遇到“大魔王”给出不正当的“权”、“钱”、“名”等诱惑陷阱，要通过小组讨论回答如何躲开陷阱。

（4）职业挑战。

①2 分钟审核凭证，原始凭证决不能造假，错误同学获得“BUG 卡”。

②2 分钟账表算，财务数据决不能算错，错误同学获得“BUG 卡”。

③团队 3 分钟搭纸塔，必须把本组 BUG 卡用到纸塔中，搭建完毕后教师抽走 BUG 卡，体验财会人员做假账、错账会给企业“财务大厦”带来的影响。

（5）学生分享：游戏获得了哪些启示？

（6）教师小结：财会人员的核心技能是处理凭证和财务数据，如果数据出错、凭证造假，不但会给企业带来影响，更可能会让国家蒙受损失。

【设计意图】通过学生喜欢的游戏形式，体验财会人员技能成才之路，感受扎实专业技能和良好职业素养的重要性，激发学生技能学习的决心。

环节四　脚踏实地强技能报国本领

（1）确定目标：教师带领全班同学运用 SMART 原则，每人拟定三个短期目标，可以是技能训练、专业学习、行为习惯等。

（2）小匠行动：在班级“个人成长日记账”中，新增“专业技能训练”科目，记录每日进步，用自律对计划的履行情况进行自我监督（图 3－7）。

个人成长日记账　　第 20 页

2022年 月	日	凭证号数	摘要	对方科目	收入（借方）金额	√	付出（贷方）金额	√	结余金额	√
5	1		期初余额						300000	
	2		帮忙清洁	卫生线	30000				330000	
	3		会计作业优秀	学习委员	80000				410000	
	4		宿舍扣分	舍务线			70000		340000	
	6		迟到	出勤线			30000		310000	
	6		没带校卡	仪容线			20000		290000	
	7		电算化测验优秀	学习委员	50000				340000	
	9		没到垃圾	卫生线			50000		290000	
	9		宿舍扣分	舍务线			30000		260000	
	10		帮忙宿管清洁	舍务线	50000				310000	
	15		上课积极回答	学习委员	40000				350000	
	18		宿舍扣分	舍务线			30000		320000	
	20		午休迟到	出勤线			30000		290000	
	21		晚修迟到	出勤线			40000		250000	
	21		上课讲话	纪律线			40000		210000	
	22		帮忙清洁	卫生线	50000				260000	
	25		点钞技能训练一周	学习委员	40000				300000	
	26		坚持运动一周	体委	70000				370000	
	30		周末没玩手机	自我管理	40000				410000	
			期末余额		450000		340000		410000	

图 3－7　个人成长日记账

【设计意图】将技能报国的理想落实到学习生活的每一天、落实到细微处。脚踏实地走技能成才、技能报国之路，做到内化于心、外化于行。

四、课后拓展

组织学生参加"未来工匠说"主题演讲，讲述自己在参观学习中的感受感悟，分享今后走技能成才、技能报国之路的具体打算和做法。

五、活动准备

（1）拍摄学生离校后教室财产安全隐患点。
（2）联系企业导师，邀请分享学生实习经历。
（3）安排学生编排情景互动剧，培训1名学生作为小助手完成后台操作。

第三部分　活动安排

一、活动时长

60分钟

二、活动地点

学校多功能教室

三、活动流程

导入　真"拍"实"摄"，"隐患"更凸显

图片展示：同学们离校后在教室里遗落的物品：优盘、书包、手机等，显示出同学们财产安全意识薄弱，对个人财物的管理不够细致的问题。

【设计意图】用观察者的视角拍摄真实图片，让学生意识到自身在财产安全方面的认识不够，激发参与本次活动的积极性。

环节一　真"知"实"学"，"范畴"更清晰

教师提问：什么是财产安全？
学生回答：谈谈自己的看法。
总结概括：财会人员的财产安全包含两重含义：个人财产安全、企业财产安全。

【设计意图】通过师生问答的形式了解财产安全的概念和范畴，凸显会计专业学生培养财产安全意识的重要性。

环节二　真"经"实"历"，"意识"更牢固

真言论证：
（1）教师分享校园里常见的三种"马大哈"行为，线上同学分享感受。
（2）连线企业导师分享往届实习生的"大头虾"行为，强调财务人员的职业特性对于财产安全意识的特殊要求。

达成共识："马大哈"和"大头虾"的行为归根结底都是财产安全意识薄弱造成的，会计专业的学生应努力将财产安全意识深植入基因中。

【设计意图】结合高三年级即将参与企业实习的班情，活动内容由校园财产安全过渡到企业财产安全，通过真言论证达成共识，帮助学生形成财产安全意识。

环节三 真"纠"实"改"，"排查"更彻底

情境互动游戏："财务安全隐患排雷战"

由留校同学负责角色扮演，表演情景剧，线上的同学们认真观看。一旦发现财产安全雷点就立刻举手，班主任喊卡暂停，举手者指出表演中的财产安全问题，并给予改进建议。

绘制思维导图：线上线下齐绘导图，找出财务安全风险点，派学生代表分享。

【设计意图】通过角色扮演互动游戏，让同学们代入财务人员的工作内容，了解财务工作中的安全隐患和隐患排查的方法。通过导图绘制和分享，熟知财务安全风险点，掌握财务避险技能。

线上线下互动的形式令线上的同学更容易参与到活动中。

环节四 真"创"实"编"，"记忆"更深刻

共创顺口溜：线上线下同学齐创《财产安全顺口溜》，进一步巩固活动所学内容，进一步筑牢财产安全意识。

《财产安全顺口溜》

大额现金不露富，钱银当面要点清。
转账不能私对私，无凭无据理不明。
熟人不能不当心，合不合法要弄清。
检查门窗和水电，每日备份要牢记。
下班之前要谨记，电脑有没有关机。

【设计意图】通过集体讨论，对活动中所学的财产安全知识进行归纳汇总，创编成朗朗上口的顺口溜，让同学们的记忆更加深刻。

四、课后拓展

安排线上学生排查宿舍和教室、线下学生排查家庭的财产安全隐患，拍摄微视频并发表个人见解，上传至"5+2"云上成长空间与大家分享。

让身边的人更加真切的感知财产安全的重要性，增加辐射作用。

全国班主任能力大赛一等奖获得者分享五：

班级活动展风采，班风学风显成效

江西省电子信息工程学校：何磊

（2022 年全国职业院校技能大赛中等职业学校班主任能力比赛一等奖获得者）

班级活动是班级管理的重要组成部分，作为班主任应充分发挥其趣味性，增强班级的凝聚力，从而更好地引导学生全面发展。中职院校的班主任应该充分重视主题活动的开展，调动学生共同参与班级建设，俗话说：一个班级的好与坏，主要看班级"学风"是否正气，"班风"是否积极向上，任何成绩都是以这两个基础为前提。把班级建设成为充满活力、团结进取的班集体，不同班主任有不同方法。下面我围绕以"班风学风建设"为主题，介绍班级活动设计的思考。

一、班级活动选题（有特色 + 有重点）

良好的开端是成功的一半，一个班级活动成功与否，很大程度上取决于活动主题的好坏，因此，确定活动选题是组织班级活动最关键的一步。这里所说的选题，指的是活动内容主题的选择和确定，选题一定要有科学性、价值性、专业性、艺术性。

在班主任能力大赛中，我认为班建方案是整个赛事的总赛项，而主题活动是子赛项，因此在设计班级主题活动之前，我会先回过来看看我的建班方案。我的班级建设方案是以"和谐号"为班名，全力营造"和谐共成长，加速向未来"的班风，建设"能吃苦、能坚持、会学习、会合作、会拓展"的学风，打造和谐号学习共同体，育复合型人才，守护中国速度，带领学生一起加速向未来。而在国赛决赛环节中，我抽到的主题是"班风学风建设"，在我的班级建设方案中明确写出班级学风是"能吃苦、能坚持、会学习、会合作、会拓展"，班级建设总体目标是建设"和谐号"学习共同体，一起加速向未来。因此，在国赛决赛活动策划选题上，为了重点突出我的班级整体目标以及学生个体目标，我确定以"优化学习共同体，一起加速向未来"为主题。在选题上不仅高度契合了班级建设方案的内容，又很好的阐述了班风学风的内容。

二、背景以及学情（观生静思，因材施教）

任何一个班级主题活动的开展，都是班主任根据班级学生基本情况以及班级所发生的问题而开展的。由于我的班级学风由五个方面组成，但是在班级学习过程中个别小组总会出现小组长在唱"独角戏"的局面，暴露出学生合作意识不强，小组活动任务完成困难，小组不团结不和谐，影响班级学习效果，因此在本次主题活动中，我重点选择了"会合作"作为突破口。这里要敲重点的是，班级活动设计方面，在有鲜明的班级特色的同时，更要找准活动的落脚点，追求辨识度的同时，也要明确侧重点，避免写得过大、过空，重点太多，完成的任务太重而导致活动目的不明确。

三、确定教育目标（三维目标，任重道远）

活动教育目标是班主任通过整个活动要解决的班级问题，区别于专业教学课程中的三维目标，班主任的三维教育目标分别是：认知目标、情感目标、行为目标。认知目标的重点撰写词包括（学习、了解、掌握等），情感目标的重点撰写词包括（增强、激发、认同等），行为目标的重点撰写词包括（剖析、学会、践行等）。因此根据我抽到的主题以及班级情况分析，我将我的教育三维目标制订为（认知目标：了解"和谐共成长、加速向未来"的班级目标，认识到合作的重要性，制订小组奋斗目标；情感目标：增强合作意识，乐于合作，在合作中学会包容、接纳、欣赏；行为目标：解决合作中存在的问题，学会合作，增强班级凝聚力，打造学习共同体）。

四、活动计划安排（天时、地利、人和）

活动主题选定之后，班主任及班委会就要制订活动计划安排，计划的制订要反复斟酌，以便于计划的落实。计划一般包括活动方式、活动时间、活动地点、活动人员等。根据大赛要求以及活动形式的多样性，一堂完美的活动是需要班主任根据主题要求选择相对契合的活动地点，以便更好的达到活动目的，因此建议班主任在选择活动地点上要多花点心思，想想如何有机的发挥场地育人的效果。由于2022年的国赛期间受到疫情影响，我设计此次主题活动的地点放在了学校智慧教室活动室。参加人员是"和谐号"班级全体人员。

五、具体准备工作（全员参与，过程育人）

准备工作关键是要抓好落实。活动的PPT、场地布置、拍摄脚本、学生发言内容、学生分组设置等，都要提前准备妥当。另外，为了解决本次主题活动的三维目标，解决学生在学习以及生活中出现不团结，缺乏合作精神的问题，因此我在开展准备工作时，特别要求全体同学都要参与其中，分配各个学生任务，让每个学生都能为活动的开展做出自己的贡献，从而可以调动全体学生的积极性，提高学生的参与感和获得感，提高学生的合作意识。

六、活动设计思路（层层递进，达成目标）

因为我所抽到的主题是"班风学风建设"，因此我依据本堂课的三维目标，结合专业特点，将认知目标、情感目标、行为目标分别设计为"明理、激情、导行"三方面。通过小组合作共同设计组名、组号等，明确各小组的奋斗目标，为进一步推进学习共同体打下基础。通过榜样示范，结合高铁维修专业特点，教育学生在工作岗位上更要有合作精神，一起守护中国高铁速度，最后通过多个小组合作的游戏及LOGO设计等环节加强学生的合作意识，明白小组合作的重要性。

七、活动内容设计（精心准备，全员参与）

活动的实施是将所有的精心准备都呈现出来，是开展班级活动的关键，是全活动过程的高潮部分，也关系着活动的成败。因此，这一环节，更要注意活动环节设计是否贴切学生，是否能够达到本堂课的目标，是否与本专业有较强的关联，尽量避免用各种活动堆砌，却没有解决本堂的问题。我的国赛班级活动设计由五个环节组成，各环节层层递进。通过问卷星调查，让各个小组明晰问题。环节一通过榜样示范，对照郭锐事迹了解学习过程中自身不足，加强团队攻坚克难意识，带领小组一起加速向未来。环节二通过小组成员相互配合完成制作并展示技能周作品，教育学生加强专业学习，明确目标，一起加速向未来。环节三通过组间优化设计组名口号，再次明确小组目标的同时，学生学会发挥集体合作力量集思广益出谋划策。环节四通过同舟共济游戏，让学生明白小组合作的力量，才能在短时间内顺利完成任务，从而增强凝聚力。环节五通过重温班级目标，寻找入班初心，为打造"和谐号"学习共同体一起呐喊助威。通过五个环节的活动设计从而达到本堂课的三维目标。

八、班级活动总结

班级开展活动是学生身心发展和班级进步的重要手段。从选题到准备再到活动设计，存在的优点、缺点都要反馈在活动总结里，以便增加经验。关于活动总结的方法也是多种多样的，可以是开个小座谈会，可以写一篇活动总结，也可以开班级总结大会，还可以对参与活动的学生进行调查、征求意见。方式不是单一的，而是可以叠加使用和累积使用的，但无论怎样，活动总结这一环节是一定要进行的，绝不能忽视它的重要性，对于形成的总结，要及时告知全体学生，以便于形成反馈。

通过我所设计的主题活动，目的是希望同学们能够明确自己的责任与使命，明晰今后努力的方向，养成"能吃苦、能坚持、会学习、会合作、会拓展"的学风，在学习和生活中能在合作中进步，合作中成长，从而形成良好习惯，与祖国一起成长，加速向未来。

获奖作品展示五：

优化学习共同体，一起加速向未来
——2020级高铁设备维修定向班第12题主题活动方案
江西省电子工程学校：何磊

一、背景与学情

中国速度是个热词，已成堪称奇迹的"中国名片"。今天，发达的"五横五纵"铁路网串起城市和地区，为社会发展输送养分。2020级高铁设备维修班以"和谐号"为班名，通过问卷星调查了解到，在学习过程中个别小组出现只有小组长在唱"独角戏"的局面，暴露出学生合作意识不强，小组活动任务完成困难，小组不团结不和谐，影响班级学习效果。为全力营造"和谐共成长，加速向未来"的班风，建设"能吃苦、能坚持、会学习、会合作、会拓展"的学风，建"和谐号"学习共同体，育复合型高铁维修人才，守护中国速度，带领学生一起加速向未来，我制订本次主题活动方案。

二、活动目的

主题活动目的如图3-8所示。

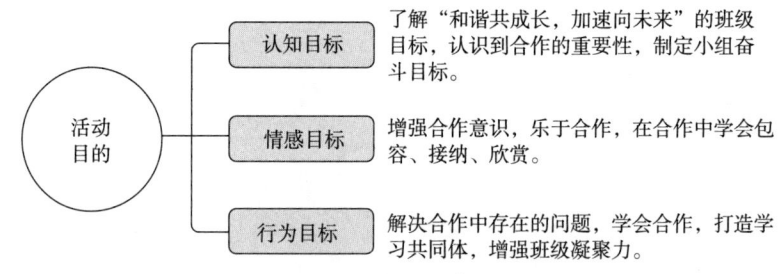

活动目的：
- 认知目标：了解"和谐共成长，加速向未来"的班级目标，认识到合作的重要性，制定小组奋斗目标。
- 情感目标：增强合作意识，乐于合作，在合作中学会包容、接纳、欣赏。
- 行为目标：解决合作中存在的问题，学会合作，打造学习共同体，增强班级凝聚力。

图3-8 主题活动目的

三、活动安排

（1）活动时间：2022年11月30日。
（2）活动地点：学校智慧教室。
（3）活动人员："和谐号"班级全体学生。

四、活动准备

（1）班主任准备。
组织班委策划主题活动；大白纸和马克笔；一体化教室布置；桌椅摆放（分成4小组）；对学生进行安全教育。
（2）学生准备。
各小组整理小组组建素材；用所学技能制作电子产品；准备发稿；布置教室。

五、设计思路

主题设计思路如图3-9所示。

明理

通过小组合作设计组名、组号等,明确目标,共同奋斗。建设"和谐号"学习共同体。

激情

通过榜样示范,教育学生勇担重担,为我国高铁事业发展贡献自身力量,与祖国一起加速向未来。

导行

通过制作展示技能周作品,培养学生"能吃苦、能坚持、会学习、会合作、会拓展"的复合型高铁维修人才。守护中国高铁安全。

图3-9 主题设计思路

六、活动内容

主题活动内容见表3-3。

表3-3 主题活动内容

活动过程	设计意图
导入:公布报告,知问题 班主任引导:针对上周班级做的"关于优化学习共同体"问卷星调查显示,学生在平时课堂"小组合作学习"方面存在"小组分工不合理、组员间缺乏沟通、合作意识薄弱"等现象。	通过问卷星调查,让各个小组明晰问题。
环节一:对照榜样,思问题 班主任引导:中国高铁发展有着一代又一代高铁工人为之奋斗。他们在自己岗位上为中国高铁保驾护航。 学生活动:讲述郭锐事迹。 学生总结:结合郭锐事迹学生发表感想。 **班主任点评** 郭锐带领团队积极探索,勇于创新,突破技术壁垒,就是体现团队合作的重要性,作为"和谐号"班级成员,大家也要明确小组目标,共同奋斗,在为高铁加速的同时,更要守护中国高铁安全。	通过榜样示范,对照郭锐事迹了解学习过程中自身不足,加强团队攻坚克难意识,带领小组一起加速向未来。
环节二:作品展示,明目标 班主任活动:邀请各小组代表上台展示各小组准备好的电子产品创意制作。 学生活动:上台展示。 (1) 循迹车(和谐组)。 (2) 电位器舵机(崇德组)。 (3) 物联网插座(乐业组)。 (4) 光立方(敬业组)。 学生总结:各小组发言总结。	通过小组成员相互配合完成制作并展示技能周作品,教育学生加强专业学习,明确目标,一起加速向未来。

续表

活动过程	设计意图
班主任点评 　　小组通过相互合作，发挥集体智慧，制作作品，在此过程中每位同学都在积极践行"两能三会"的学风，为守护中国速度贡献自身力量。	
环节三：展示汇报，查问题 　　班主任引导：通过两年的在校发展，各小组不断优化小组奋斗目标（组名及口号），在班级团支部与班委会的组织下，通过此次活动各小组重新设计小组口号。请各小组组长带领组员共同设计小组组名、口号、LOGO。 　　学生活动：小组在大白纸上设计并展示。 　　学生总结：各小组派代表分享此次设计与之前的设计中，组长和组员间分别有什么不同。 **班主任点评** 　　过程中每位同学发挥自身的优点，通力配合，集思广益。积极践行着"两能三会"中的"会"合作，各组长带领小组成员打造小组学习共同体。	通过组间优化设计组名口号，再次明确小组目标的同时，学生学会发挥集体合作力量集思广益出谋划策。
环节四：合作游戏，悟团结 　　班主任引导：每个同学都是班级的一分子，也是小组的一分子，都发挥着不可或缺的重要作用，各小组在完成每一件任务的同时都要发挥全组智慧，体会合作力量。 　　学生活动：学生分小组完成游戏任务。 **班主任点评** 　　各小组通过同舟共济的游戏，懂得团队智慧力量，明白了只有小组团结一致，共同奋斗，才能更好的完成目标。 　　学生总结：各小组学生上台发表游戏感想。	通过同舟共济游戏，学生明白小组合作的力量，才能在短时间内顺利完成任务，从而增强凝聚力。
环节五：重温目标，寻初心 　　班主任引导：在建班初期，通过我与同学们的共同商讨，确定了大家三年的班级总目标以及阶段目标。请同学们大声说出班级建设初心。 　　学生活动：大声喊出"和谐共成长，加速向未来。"	重温班级目标，寻找入班初心，为打造"和谐号"学习共同体一起呐喊助威。

七、总结与拓展

班主任总结：

党的二十大报告寄语广大青年：青年强，则国家强。当代中国青年生逢其时，施展才干的舞台无比广阔，实现梦想的前景无比光明。通过今天的主题活动，希望同学们能够明确自己的责任与使命，明晰今后努力的方向，养成"能吃苦、能坚持、会学习、会合作、会拓展"的学风，形成良好习惯，与祖国一起成长，加速向未来。

拓展：

每位同学在周记中写一写今天主题活动的感想，班级选优投稿至学校公众号。

全国班主任能力大赛一等奖获得者分享六：

关于班级活动策划的几点思考

江西工业贸易职业技术学院：黄婧

（2022年全国职业院校技能大赛中等职业学校班主任能力比赛一等奖获得者）

班级活动是学校德育活动的重要组成部分，是班主任开展集体教育的有效形式和重要阵地。班级活动对于中职学生良好习惯的养成，营造良好学习和成长环境，培养高素质的技术型人才起着非常重要的作用。为培养综合型高技术人才，我们应加强班级活动的实践探索，即有目的、有规划、有主题，以学生为主体、以校园文化为特色群体举行的一系列班级活动，教育、帮助、引导学生全面发展。

传统班级活动是以教师为中心，以单一的主题班会为主要活动模式。这种从理论到理论的说教、灌输式的模式严重阻碍了学生主体性的发挥，难以使他们产生思想情感共鸣，活动效果不够理想。笔者结合十年带班经验，探索了以"1+1+N"模式为"秸秆"、以"学思践悟"四大模块为"养料"，最终孕育出饱满"麦穗"的"麦穗"品牌班级活动体系。

一、"麦穗"品牌班级活动体系的认知

（一）以"1+1+N"模式为"秸秆"

1：即1名能灵活掌握中职班主任五大工作职责的班主任。

1：即班主任通过关注国家时事政治、行业发展、学生心理健康状态等确定1个班级活动。

N：即N名学生立足自身情况、专业发展、职业生涯规划等全身心体验班级活动。

（二）以"学思践悟"四大模块为"养料"

"学思践悟"活动模式来源于我国古代的治学思想。《礼记·中庸》中曾提到学习五个方面——"博学之，审问之，慎思之，明辨之，笃行之"，强调学、问、思、辨、行是相辅相成的，统一于学习过程当中。将这种思想运用到班级活动当中，则强调坚持问题导向，带着问题学，启发学生深入思考，引导学生在实践中寻求真知，感悟真理的力量，从而达到内化于心，外化于行，最终实现知行合一的活动目的。

二、"麦穗"品牌班级活动体系的设计与实施

笔者在2022年全国职业院校技能大赛中等职业学校班主任能力比赛决赛时抽到的班级活动策划题为：奋斗精神培养、责任担当意识培养。基于学情制订三大目标，认知目标：学习奋斗事迹，照亮青春奋斗脚步；情感目标：感悟奋斗事迹，坚定远大理想信念；行为目标：树立奋斗目标，擦亮青春最美底色。

（1）"1+1+N"模式的实施。

首先，作为一名班主任，要确定抽到的班级活动策划题是属于中职班主任五大工作职责的哪一项或者哪几项职责，通过分析，"奋斗精神培养、责任担当意识培养"这个策划题是属于学生思想引领职责。

其次，班主任要根据工作职责确定一个紧扣国家时事政治、行业发展、学生心理健康状

态等相关的主题。

习近平总书记在党的二十大上的报告强调"青年强，则国家强"。指出"当代中国青年生逢其时，施展才干的舞台无比广阔，实现梦想的前景无比光明"，对广大青年提出了"立志做有理想、敢担当、能吃苦、肯奋斗的新时代好青年"的重要要求。

笔者紧紧围绕"有理想、敢担当、能吃苦、肯奋斗"四个关键词构建出本次班会的主题——"奋斗的青春最美丽"。将"学思践悟"活动模式融入争做有理想、敢担当、能吃苦、肯奋斗的新时代好青年主旨中，构建出：善于学习、深于思考、能于实践、敏于感悟四大模块，最后以宣讲二十大精神升华主题。

最后，班主任要全方位调动 N 名学生全身心体验班级活动，通过体验班级活动达到坚定理想信念、锤炼担当品格的目的。

（2）"学思践悟"体验式班级活动的实施

体验式活动"以学生为本"，尊重学生的认知特点和规律，根据教育目的有意识的创设温馨、积极、自然的活动情境，唤醒学生主体意识；学生在活动中获得经验、受到教育、转变认知、产生情感、提升技能。

活动前：职业岗位体验

学生化身"烘焙师"，以小组为单位，前往实训场地制作以"奋斗"为主题的糕点、糖艺、巧克力、杏仁膏等作品，教师带学生挖掘典型故事、参与设计主题画稿，明确 4 个小组作品的创意方向。学生们根据甜品类型并明确制作工艺后，在烘焙过程中身体力行体验有"志气、底气、骨气、硬气"的情感认同。

活动中：班级集体体验

学而思：通过学习卓越组同学讲述航天人邓清明的故事让学生树立远大理想，坚定成功信念，同时请他们思考如何结合自身专业特长，做到初心不灭，青春无悔，心怀凌云志，恪守本分。

思而践：匠心组同学以"一日抗疫体验"活动经历为灵感，制作了"抗疫有我"杏仁膏捏塑作品，在活动中通过分享团队"肯担当"参与抗击疫情的经历，立志做抗疫精神的践行者和传承人。

践而悟：以学姐在省赛备赛的实践经历以及专业教师的烘焙经历，让同学们明白"能吃苦"就需要在专业学习中不断打磨技法，提升烘焙操作技能，争取在奋斗中锤炼技能、传承技艺。

悟而学：通过讲述我校优秀学生残奥会运动员朱运锋和世界技能大赛冠军蔡叶昭的奋斗历程，引导他们以知识见识锤炼真本领，鼓励同学们在奋斗征程上勇往直前。

活动后：志愿活动体验

引导同学们将本次主题活动所准备的各种面包、蛋糕和甜品，由小组成员派送给学校抗击疫情的各个岗位。在深化"学思践悟"理念的同时，增强了对学生的感恩教育，同时深化青春是用来奋斗的，奋斗必有所值。鼓励同学们敢想敢为又善作善成，能够结合专业学习从自身做起，擦亮自己青春奋斗最美底色。

"国势之强由于人，人材之成出于学。"实践证明，班主任从国家大事、广泛的社会生活和校园生活中挖掘有效资源，以"1 + 1 + N"模式为"秸秆"、以"学思践悟"四大模块为"养料"，让学生在活动中全身心投入、全方位体验，学生完成一个个小量变，久而久之班级管理将产生质的飞越，到毕业时终将收获一颗颗饱满的"麦穗"。

获奖作品展示六：

奋斗的青春最美丽
——奋斗精神培养班级活动

江西工业贸易职业技术学院：黄婧

一、活动背景

二十大报告中指出："当代中国青年生逢其时，施展才干的舞台无比广阔，实现梦想的前景无比光明"。青年是国家和民族的希望，民族的复兴离不开青年一代的奋力拼搏。当代青年中不断涌现出一批又一批有理想、敢担当、能吃苦、肯奋斗的新时代好青年。他们不怕苦、不畏难、不惧牺牲，用臂膀扛起如山的责任，展现出青春激昂的风采，展现出中华民族的希望！

二、班情分析

中职阶段的学生正处于拔节孕穗期，是价值观形成的稳定时期。但班上许多学生在校期间的奋斗意识不强，很容易受到网络上与时代气息相违背的"逆流"影响，认为奋斗无益，由此导致"佛系""躺平""摆烂"等种种网上思潮盛行。因此在这个阶段对学生奋斗意识的培养就显得尤为重要。

三、活动目标

主题活动活动设计思路与流程如图3-10所示。

活动目标

- 认知目标：学习奋斗事迹，照亮青春奋斗脚步
- 情感目标：感悟奋斗事迹，坚定远大理想信念
- 行为目标：树立奋斗目标，擦亮青春最美底色

图3-10 主题活动活动目标

四、设计思路与流程

主题活动设计思路与流程如图3-11所示。

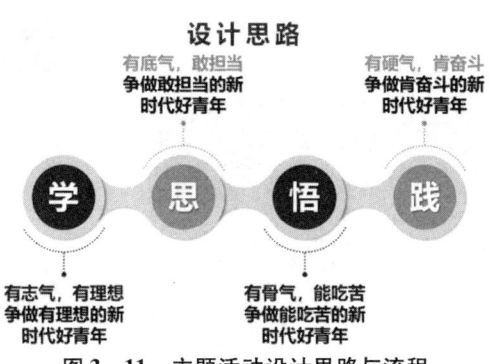

设计思路

学 — 思 — 悟 — 践

- 学：有志气，有理想 争做有理想的新时代好青年
- 思：有底气，敢担当 争做敢担当的新时代好青年
- 悟：有骨气，能吃苦 争做能吃苦的新时代好青年
- 践：有硬气，肯奋斗 争做肯奋斗的新时代好青年

图3-11 主题活动设计思路与流程

五、活动准备

（1）教师拟定各小组分享主题，鼓励同学们自己去找寻青春奋斗最美的模样。
（2）教师准备活动中所需要的视频素材。
（3）联系在活动过程中所需要分享经验的老师。

六、活动实施过程

表 3-4　主题活动实施过程

实施过程		
环节一		
关键词	主要内容	教育方法和目的
会前暖身建立仪式	（1）会前分享演讲赛视频《后浪》。 （2）班级同学说说自己心中拼搏的画面。 （3）会前暖身运动：世界杯手指舞串烧。	案例法
^	^	目的： 1. 让学生对本次班会主题有个初步印象； 2. 通过暖身运动让学生更快进入学习状态。
实施过程		
环节二		
关键词	主要内容	教育方法和目的
有志气有理想	卓越组： （1）讲述航天人邓清明的故事。 （2）分享学校后勤人员的奋斗身影。 3. 班主任小结。	故事分享法、情景演绎法
^	^	目的：学生通过分享邓清明的故事，让学生明白初心不灭，青春无悔，鼓励同学们结合自身专业特长，心怀凌云志，恪守本分。

续表

关键词	主要内容	教育方法和目的
有底气 敢担当	匠心组： （1）分享"一日抗疫体验"活动经历。 （2）西点作品展示。 （3）分享教师抗疫宣传片。 （4）志愿者宣誓。	案例法 目的：通过分享自己参与抗击疫情的经历，做抗疫精神的践行者和传承人。
有骨气 能吃苦	敬业组： （1）展示西点作品，分享学姐省赛备赛经历。 （2）专业教师分享"吃苦耐劳"的精神。 （3）提议21天养成计划。	讲授法、案例法 目的：优秀教师在教学中不断打磨技法，提升学生操作技能，在奋斗中锤炼技能、传承技艺。

关键词	主要内容	教育方法和目的
有硬气 肯奋斗	精工组： （1）分享北京冬残奥会朱运锋的故事。 （2）观看世赛冠军蔡叶昭的视频。 （3）舞蹈展示——《我们都是追梦人》。	故事分享法 目的：通过讲述残奥会运动员和世界技能大赛冠军的奋斗历程，鼓励同学们在奋斗征程上勇往直前。

实施过程		
环节三		
关键词	主要内容	教育方法和目的
青春无垠， 唯奋斗以成	（1）教师宣讲二十大报告精神； （2）教师就奋斗青春主题进行总结；	目的：让学生深入学习二十大精神，引领青年向着党旗所指方向勇毅前行，奋勇前进。

七、活动拓展

组织和指导班级同学去写入团申请书，规划自己如何通过自身努力，去加入共青团组织；安排各小组同学以组为单位，本学期自主开展一次志愿服务活动，并形成心得。

八、活动反思

通过本次活动，同学们认识到青春是用来奋斗的，奋斗必有所值。鼓励同学们敢想敢为又善作善成，能够结合专业学习从自身做起争，擦亮自己青春奋斗最美底色。但通过一次活动不能完全坚定同学们的理想信念，还需要后续不断地激励从而进一步强化深化。